托克托历史人物故事

（第二册）

杨利民　编著

 远方出版社

图书在版编目（CIP）数据

托克托历史人物故事. 第二册 / 杨利民编著. —— 呼和浩特 : 远方出版社, 2023.11
ISBN 978-7-5555-1943-0

Ⅰ. ①托… Ⅱ. ①杨… Ⅲ. ①历史人物－生平事迹－托克托县 Ⅳ. ①K820.826.4

中国国家版本馆 CIP 数据核字（2023）第 208740 号

托克托历史人物故事（第二册）
TUOKETUO LISHI RENWU GUSHI DI-ER CE

编　　著	杨利民	
责任编辑	蒙丽芳	
封面设计	丁雪芝	
版式设计	王　倩	
出版发行	远方出版社	
社　　址	呼和浩特市乌兰察布东路666号　邮编010010	
电　　话	（0471）2236473总编室　2236460发行部	
经　　销	新华书店	
印　　刷	内蒙古北方印务有限责任公司	
开　　本	880毫米×1230毫米 1/32	
字　　数	140千	
印　　张	6.25	
版　　次	2023年11月第1版	
印　　次	2023年11月第1次印刷	
印　　数	1—3800册	
标准书号	ISBN 978-7-5555-1943-0	
定　　价	45.00元	

序（一）

　　老友杨利民，雅好文史，虽入金融系统，然宿志不改。精算之余，爬罗史志，搜求轶闻。数十年之功，积稿盈尺，于地方文化建设，曰有功焉。结集为《托克托历史人物故事》，嘱予作序。予不敢辞焉，聊缀数语，以作引玉。

　　书名有数语：托克托、历史、人物、故事，先略释之。托克托，考其原始，明嘉靖中期，西土默特部阿拉坦汗义子恰台吉（即脱脱，亦作妥妥）驻牧妥妥城（托克托城）。当以阿拉坦汗义子之名脱脱得名。脱脱应为蒙古族常用名。《元史》撰者即名脱脱，又作托克托，可证。盖脱为入声字，中古时期收k尾，而克即将k译写为一个汉字而成，脱脱与托克托，当为蒙古名之两种译法，托县常称拖城，乃脱脱城、托克托城之简称。历史，乃过去之事。历史之于中华文化，有独特之文化价值。司马迁有云："思往事，知来者"；"究天人之际，通古今之变"。历史不特记录中华文化之精髓，更要以古知今，以古鉴今，揭示历史发展之规律，以其有用于当世。人物，为有文治武功或奇闻逸事，载入史册或流传于民间之人。故事，乃某事件之文学化表述,于人有启发警策之用。历史人物故事者,非确凿可考之史实,乃是有历史依据之故事。《托克托历史人物故事》,即此义。

托克托之名始于明嘉靖中期,不足500年。若提及云中,则一跃而至战国年间,直溯2300年之外。若说到海生不浪(当为海生不拉)文化,则更在五六千年之外之新石器文明,兹不赘。托克托为富含历史文化之人文荟萃之地,当非溢美。诸君可至托克托县博物馆一观便知。

云中郡,战国赵武灵王始设,治所即在今托克托境内。秦汉因之,治所或有变化。之后屡废屡建,云中之名,虽时见于史籍,然治所详情,邈然不可考。及至李唐,与北方游牧部族争雄,云中故地,又得重光。史籍所载,或略或详,虽间有龃龉,此亦史学故常,殊不足怪,留待学者考辨。塞外名城,固若云中之城隐没于历史迷雾之中?云中之事,吉光片羽,难寻全貌;云中之人,鸢飞豹隐,时见一斑。史家诠叙故实,则材料不足;塞外古城风流,倩何人演说?唯杨君诚笃,多年孜孜不倦,于经史子集中爬罗剔抉,将与云中、托克托相关之遗珠断简尽数拣出,精心编辑,成此《托克托历史人物故事》,不亦可乎?

开卷展读,耳目一新。自先秦及清代,帝王将相、文人骚客、异人侠士、豪商巨贾、布衣名流,均与云中、托克托有关系,果如是邪?此乃历史与历史故事之别。历史以史料为核心,近人王国维首倡"二重证据法":"吾辈生于今日,幸于纸上之材料外,更得地下之新材料。由此种材料,我辈固得据以补正纸上之材料,亦得证明古书之某部分全为实录,即百家不雅训之言亦不无表示一面之事实。此二重证据法惟在今日始得为之。"史学大家陈寅恪云："一曰取地下之实物与纸上之遗文互相释证"，"二曰取异族之故书与吾国之旧籍互相补正"，"三曰取外来之观念，以固有之材料互相参证"。简言之，即以各种材料(传世文献、地下文献等)相互印证，方得确认。此历史研究之正途，无可置疑。历史故事则有所不同。史籍所载，必有详略，详者易知，略者阙如。且文献传承，洵多艰难。秦火固不必说，兵燹战乱，水火无妄，典籍传承，危若悬丝。观历代典籍著录，只存其名，不见其书，无片纸可睹者何止千万。赅博如孔子者，也有"礼失，求诸野"之叹。史料灭失、史籍失载，固为史家无可奈何之事；然故事则不然，依史料之线索，寻草蛇灰线，加以补充，以合理之想象，由一管所窥绘全豹之美，现鲜活场景，乃故事之所长。

云中始建于战国，兴于秦汉。虽处塞外，然为古代西北重镇，为兵家所争。隋唐时地位更显，官府军政文教多有建设，史籍典册所载甚多。洎乎明清，托克托负云中之荣光重现于世。境内河口镇为黄河上中游分界点，地理位置优越。明朝开发西部，内地物资转输西北，黄河船运其利愈显。河口镇为重要水旱码头，下接晋冀，上通呼包，远至库伦(今蒙古国乌兰巴托)。舳舻相接，店铺林立，商贾云集，百业兴旺，洵为一时之盛。至平绥铁路开行，黄河航运渐告没落，河口镇亦不为人知。现在政府努力恢复河口镇旅游事业，旧貌新颜，庶几可待。与中原市县相较，托克托难言富庶。但几千年积淀之文教土壤，孕育代代杰出人物。就此言之，人杰地灵，不为过誉。诸君展卷而读，当知余言不谬。

欣逢盛世，何幸如之！乘国运之昌旺，发古郡之声威。弘教化于塞外,建功勋于宇内。固为我托克托人之天职,可不勉旃!

是为序。

杜若明

(北京大学教授)

2019年10月14日

序(二)

杨利民,托克托县河口镇人,初中同学、高中同桌。1977年恢复高考时,我们读初二;1978年,升初三,我们同班。当时,教室是平房,教室后墙和外墙各有一块大黑板,各班负责墙报,学校会定期检查评比。杨利民是宣传委员,负责班级墙报工作,既组稿又撰稿,还要完成版面设计、插图、美术字和板书等,因评比屡获奖,大家尊称他为"杨总编"。

杨利民大学所学专业为中文,毕业后进入银行工作。工作之余他就潜心挖掘和研究托克托历史。30多年来,他不停地走访相关史学研究者,自费到全国各地图书馆查询相关历史文献,完成《托克托历史人物故事》。印象中,书中所述历史人物、历史事件,好像与托克托并无交集。例如:

公元前219年,秦始皇为了长生不老,巡游赵国故地云中郡(今内蒙古自治区托克托县东北),寻找吉祥之鸟——天鹅;公元前200年,汉高祖刘邦命封陈豨为列侯,统管赵国、代国及包括云中郡一带戍卫边疆军队,这是有关托克托最早的历史记载。还有,托克托保持至今的物资交流大会,历史悠久,可以追溯到金代。

公元429年，巾帼英雄花木兰，女扮男装从军12年，参加了北伐黑山（今内蒙古自治区托克托县黑城东）之战。公元682年，大将薛仁贵在单于都护府（今内蒙古自治区托克托县东北）指挥了云州战役。

再有，托克托有诸多历史人物，如公元1182年出生的武都，官至户部尚书；公元1181年出生的程震，与其兄程鼎同科进士及第，官至监察御史；公元1203年出生的孟攀鳞因才华出众，被皇帝忽必烈授予翰林；公元1234年出生的程思廉，与人为善，为官清廉，疾恶如仇，刚正不阿，于公元1269年进入京师升任监察御史；明朝名将孙镗，托克托人，后被封为涞国公，充任总兵官。

印象中，为了生存，人口向来是北迁，如走西口、闯关东；但公元1373年9月，明太祖朱元璋下令将东胜州（今内蒙古自治区托克托县）、云内州（今内蒙古自治区托克托县）等地4万多户约22万人迁到中立府（今安徽省凤阳县），值得历史学家深入研究。

书中记载了与托克托有关的几位皇帝，但百姓口中流传最广的还数清康熙皇帝。公元1696年农历十月二十八日，为征讨噶尔丹叛乱，康熙率领大军来到湖滩和硕（今内蒙古自治区托克托县河口）黄河岸边。因黄河流凌、河水湍急，大军无法过河，暂驻在湖滩和硕。农历十一月三日，康熙泛舟黄河，诗兴大发，吟诗一首：

黄　河

黄涛何汹汹，寒至始流凌。

解缆风犹紧，移舟浪不兴。

威行宜气肃，恩布觉阳升。

化理应多洽，嚚氛顷刻澄。

杨利民30多年孜孜不倦的研究与考证，为续写和完善托克托历史做出了贡献，他把托克托历史与中国历史紧密结合在一起，把一个传承的、鲜活的、动态的、有血有肉的托克托历史展示在世人面前。

因留存下来的文献资料有限，不能完全还原历史真相，但杨利民为托克托历史研究走出第一步，实属不易。此作凝结了作者30多年的心血，奠定了托克托历史人物研究的基础。

贺振富

（国家发展和改革委员会、国家能源局专家）

2019年10月9日

序（三）

追随着杨利民先生关于托克托县历史上的人物故事的系列文章的不断发表和陆陆续续地结集出版，我饶有兴趣地一路读了下去。展卷之际，除了赞叹这个塞外小县历史的悠久和丰富，便是感慨这些文章的可贵价值和撰写它的难能。

先谈其"可贵"。

志书是端庄肃穆的，但也常是冰冷的，抽象的，直线条的，少些温度，少些细节，少些旁逸斜出，少些生活的杂芜和生命的悲欢；而稗官野史、小说家言，倒是活泼亲切的，有声有色的，但也常是附会想象，羌无实据，失去了史学价值。利民先生的这些文章，则以另一种姿态出现，走的是对二者分别扬长避短的中间之路。

作者以治学的态度撰写文章，不用传说，不搞戏说，更不向壁虚构，每个人、每件事都有所本，征引有据。研究方法既有文献稽考，又有田野调查，颇具学院之风。由于有此基础，这些文章必然会成为将来研究托克托县历史的重要文献资料。

另一方面，这些文章侧重细节，善讲故事，有时还关注历史人物的心灵世界,因此,使得历史事件生动了起来,历史人物有血有肉起来,避免了一般正史的呆板平面。加之作者采用娓娓道来的叙述语言,有时还进行画面感很强的描绘,且常常借用诗词歌赋,因此使得文字有了味道,有了文采。

这是第一个可贵之处。

第二,截至现在,作者的这个系列故事已经有100多万字了,人物已经出现100多个了。其纵向跨度使读者对托克托县文化的悠久有了更加真切的体会,每一个历史片段的介绍使读者对托县文化的灿烂有了更加具体的感受。与此前有关志书相比,作品不仅在历史人物的数量上,而且由于其广角度的、较为细致的展现以及现代意识的观照,所以在历史人物的厚度和深度上,都大大增加了。这将更加提升托克托县在中华民族文明史上的地位,更加强化托克托县人民乃至整个土默川地区的人民的历史自信。

第三,系列故事立足于普及知识和便于阅读,所以语言通俗晓畅,篇幅也都很短。对于成年人来说,宴卧漫行,开卷即览,每有一得,亦是快事;对于青少年学生来说,读之可懂,读之不倦,读之有益,故大可作为课外读物。

第四,利民先生用一些具体的故事叙述了一个宏大的主题。托克托县这片土地,是中国北方多民族活动的重要舞台。利民先生在这些历史故事中,讲述了与这个舞台有关的许多人物,他们都在托克托县这个地方的发展历程中书写了重要一笔。习近平同志指出,我们辽阔的疆域是各民族共同开拓的,我们悠久的历史是各民族共同书写的,我们灿烂的文化是各民族共同创造的,我们伟大的精神是各民族共同培育的。这个思想贯穿在的这些故事中，作者虽然没有明言，但分明始终在书写这个思想，如盐在水，无痕有味。这种对事实的客观陈述，具有很强的说服力，对于引导各族人民尤其是广大青少年铸牢中华民族共同体意识，有着极强的现实意义和深远的历史意义。

再谈"难能"。

托克托县这个地方，历来是兵家纷争、交融的前沿。这对于写史来说是一个优势：历史丰富——它有许多人物和事件应该书写；但也是写史的难处：多数时候，托克托县这个地方并不在中国历史的中心舞台，所以有关历史的记录不够丰赡、不够全面、不够具体，而且关联记录较少，使得素材不足，直接资料更少。但利民先生能从史籍的汪洋大海中寻找到有关托克托这个地方的并不著名的历史人物或著名的历史人物的并不著名的事件。他善于从历史记载的一鳞半爪中捕捉到一点线索，由此牵引开来，再在其他地方找到印证和补充，互参互鉴，进而基本窥见其全貌，写出一个较为完整的人物故事来。除了正史、全局史，作者还搜罗、征引了许多非主流性、非全局性的历史资料，如历代官修和民修的史料汇编、史稿、实录、地理志、民族志、地方志等等，这是对正史的有效补缺。写作这些历史人物故事所需要的素材，多是原书一笔带过的、被学者和一般的读者所忽略的文字，以及电子图书索引没有的条目，所以靠简单查阅是很难觅得的，非作者博览、通读、细察不可。这是一个浩大的工程，作者须付出披沙拣金的艰辛劳动，具备洞隐烛微的雄厚学力。这使我由衷叹服利民先生！

我猜想，杨利民先生的这些文章特别是由此结集出版的著作,一定会影响今天和以后很多人,包括广大读者和同样有志于这方面研究的后代学人。

马晓华

（内蒙古师范大学附属中学教师

内蒙古师范大学教育硕士研究生导师）

2022年7月31日

目　录

汉 代

"闵氏庄园"与托克托

据《后汉书》记载,在云中郡(今内蒙古自治区托克托县东北)的大族里有"闵氏"一族。云中郡地区虽然东汉时期的遗迹、遗物稀少,但也有如"闵氏墓"这样的大型墓葬。墓葬壁画描绘的内容证明闵氏家族在土默川平原上拥有自己的庄园。

庄园是中国封建社会汉晋时期地主经营土地的一种形式,是一种自给程度颇高的封建经济。庄园主一般兼有官僚、地主、牧主三重身份。

《史记》《汉书》《后汉书》《三国志》《晋书》等史料中均记载了历代封建地主庄园情况。有关东汉地主庄园的文字资料,主要集中于汉籍史书中。

东汉是庄园经济兴起的时期,东汉豪强地主,史书上往往称之为"大姓""著姓"和"名族",云中郡的闵氏家族被称作"云中大族"。东汉政权就是在豪强地主的支持下建立起来的,东汉开国皇帝刘秀,与豪强势力有着千丝万缕的联系。

东汉中后期,社会经济每况愈下,天灾人祸接连不断,统治阶级奢侈挥霍,赋役无度,因而出现了"人弃农桑""田荒不耕,游食者众"的混乱局面。但是,庄园内的经济因组织严密有序,农牧渔协调发展,出现了相对兴旺的景象。

这些地方豪强们,往往会利用宗族关系,聚族而居,同时又雇佣大量的农民来为他们从事农、林、畜、渔等经营活动,在经济上实现自给自足。

这些地方豪强往往拥有巨额的财富和大量可供奴役的人口,同时还有自己的武装力量。一旦发生战乱,他们随时可以成为割据地方的诸侯。

1956年春,在托克托县古城公社古城村西南约一千米处发掘出一座东汉闵氏墓,这是一座砖砌大型合葬墓。据《托克托文物志》记载:"该墓应为西汉晚期到东汉初期之墓。"

墓的中室及东西两耳室壁上均绘有壁画,这是该墓最重要的发现。壁画均着色,形象浑厚生动,并有隶书题字。后室之券门外两侧即中室之北壁绘有三个人物形象。东侧绘两人,一人作站立状,另一人捧物以侍状,两人之间题有"闵氏从奴"四字,西侧绘朱衣侍女一人,手捧高足盘,盘中盛物,旁题"闵氏从婢"四字。

东侧室三壁下部均有绘画,画高约67厘米。南壁上画人物车马两辆。前一车中端坐一人执绥(车上的绳子),上署"闵氏□□□□□",一行七字;后一辆车朱帏,马前署"辇车一乘"与"闵氏□□",两行八字。东壁上画牛车一辆,前署"闵氏牛车一乘"。北壁上画两人两马。前一人骑马,前署"闵氏马一匹奴一人乘";后一人作索马状,马上有鞍鞯,前署"驻马一匹奴一人牵"。

西室壁画均画有生活用品、生活用具及生活场景。壁画内容说明,当时的庄园主们非常重视饮食享受,其饮食非常丰富,各种肉食无所不备。在闵氏墓壁画的庖厨图中,架上悬挂着两只雉、一块猪肉、两条鱼、两只鸡、一块牛肉,每种肉食旁都有文字说明。肉架下有案几,案几是一种描绘着黄色的矮案,案几上放置三个陶罐(坛缶),罐面书写"酒"字,另有署"闵氏婢"字样的一个妇人并旁汲水。

西室壁画中还有一座署"闵氏灶"字样的灶,灶旁有奴人似折柴燃火。灶下有一瓦罐(瓦器)上署"酒瓮"二字。北壁上画着猪、狗、鸡等畜禽。

壁画中有许多以中原文化元素为主,兼有游牧文化元素的画面,而且在壁画中还附有"榜题"。

榜题就是在石、砖、壁画、器物中的人物、动物、植物等旁边,题刻的解释这些物象名称的文字。有的文字外面有一个方框,有的文字外面无方框。榜题有的题刻在画面的左边,有的刻在右边,有的在上边,有的在下边;有的在画外,有的在画内。榜题对于辨别画中人物身份、器物名称及研究与之相关的问题,都起到了重要作用。

东汉后期,崔寔创作的叙述一年例行农事活动的专书《四民月令》,是一部比较全面地反映东汉庄园内部情况的文献,对研究这一时期的地主庄园具有重要的参考价值。

《四民月令》的内容说明,在大地主的庄园里存在地主武装,其成员一般在春季守备庄园,秋季则操练武艺,"缮五兵,习战射",以备"春饥草窃之寇""寒冻穷厄之寇"。庄园里的这种地主武装属于私人武装,是封建经济的必然产物。

由《四民月令》可知,当时大地主庄园种植着各种粮食谷物、蔬菜、瓜果、竹木和其他经济作物;饲养着马、牛、猪、羊、鸡、犬等畜禽;养殖鱼、虾等水产。庄园里的手工业则有养蚕、纺织(绢、麻)、染色、制衣做鞋、炮制草药、制蜡、酿酒、制醋、制糖以及修理或制作农具、兵器等。

闵氏庄园虽然具备了大地主庄园的一些特征,但是尚无法与洛阳地区的大地主庄园相提并论。

李沮与托克托

　　李沮，西汉将领，云中（今内蒙古自治区托克托县）人，初事汉景帝。公元前124年，李沮以左内史为强弩将军，跟随大将军卫青出击匈奴有功，赐爵关内侯。次年，又以左内史为强弩将军，跟随卫青出定襄（今内蒙古自治区托克托县）击匈奴，取胜而返（参见《史记》）。

　　据《托克托史事丛谈》介绍，郭昌、李沮二人都是云中人，跟随大将军卫青，是其部下，封过侯。

　　公元前127年，卫青与李息等将军领兵先出云中，向西突进到了高阙塞①，又由此出其不意折转向南，一举围歼了匈奴白羊王、楼烦王两部主力人马，斩获数千敌兵，拿下了河南地区（今内蒙古自治区鄂尔多斯一带），第三次打败了匈奴。卫青因此受封长平侯，食邑3800户。

---

①高阙塞：战国赵长城西端障塞，即今内蒙古自治区乌拉特中旗西南狼　山南麓之石兰计山口。

随后,汉武帝在此设立朔方郡①和五原郡②,开辟了汉军出击匈奴单于大本营的前哨基地,史称"新秦中"。

公元前124年春,汉武帝刘彻第四次命令卫青攻打匈奴。此次战争史称"漠南之战"。

车骑将军卫青率领三万骑兵,选择从高阙出击。同时,朝廷任命卫尉苏建(苏武的父亲)为游击将军,左内史李沮为强弩将军,太仆公孙贺为骁骑将军,代相李蔡为轻车将军,众将一律听命于卫青。卫青命令苏建、李沮、公孙贺、李蔡等共同从朔方出击攻打匈奴,同时命令李息、张功次从右北平(郡治平刚县,今内蒙古自治区宁城县西南)出发攻打匈奴。

卫青采取战略迂回的方式,偃旗息鼓,日夜兼程,急行军近800里,趁月色夜晚,以迅雷不及掩耳之势袭击了匈奴右贤王。很快,3万汉军铁骑彻底打败匈奴军队,右贤王无暇顾及自己的军队,只带领一个爱妾和几百精骑突围北去。

当时,匈奴右贤王可能是被东路的李息、张功次吸引了注意力,认为汉军不会到达这个地方,于是未做任何部署。(《史记·卫青霍去病列传》记载:"匈奴右贤王当卫青等兵,以为汉兵不能至此,饮醉。汉兵夜至,围右贤王,右贤王惊,夜逃,独与其爱妾一人壮骑数百驰,溃围北去。")

此次战役,汉军俘获匈奴小王10多个,部众15000人,牲畜数以千万头(一说百万头),大军凯旋。汉武帝接到战报,派特使捧印拜卫青为大将军,并封赏了随卫青作战的李沮等有

①朔方郡:朔方郡正位于汉王朝国都长安城的正北方,因此取《诗经·小雅·出车》中"城彼朔方"之意。
②五原郡:郡治今内蒙古包头市九原区麻池镇西北。

功人员,李沮被封为关内侯。

第四次进攻匈奴可以视为前次作战的延续,不仅巩固了新建的朔方郡和五原郡,而且还打垮了匈奴右贤王部,彻底扫清了汉军进攻漠北的障碍。

公元前123年二月,汉武帝再度派卫青从定襄(郡治成乐,今内蒙古自治区和林格尔县西北)出兵,攻打匈奴。

第六次出兵的大将军卫青以骑侯公孙敖为中将军,太仆公孙贺为左将军,翕侯赵信为前将军,卫尉苏建为右将军,郎中令李广为后将军,左内史李沮为强弩将军,分领6路大军,共计10余万骑兵。大军浩浩荡荡,从定襄出发,北进数百里,这次战役共斩获匈奴3000余人。

战后返回定襄、云中、雁门休整兵马,一个月后再出塞,汉军共斩获匈奴1万多人。同年,汉武帝大赦天下。

公元前123年二月和四月,大将军卫青两次出兵进攻匈奴时,汉武帝还命张骞以校尉身份随大将军出征,因战功,张骞获封博望侯;大将军卫青的外甥霍去病以骠骑校尉的身份领800名骑兵出征,孤军深入漠南匈奴大营,以机动、灵活的打法,俘虏匈奴单于的叔父和国相,斩获匈奴2028人。

刘邦与托克托

汉朝立国之初,汉高祖刘邦、汝阴侯夏侯婴曾经两次在今托克托这片土地上征战过,事情的经过是这样的:

公元前202年二月,刘邦在山东定陶汜水(今山东省曹县北)之阳举行登基大典,定国号为汉,是为汉高祖。

汉朝建立初期,刘邦封了7个异姓王,他们分别是楚王韩信、梁王彭越、淮南王英布、赵王张耳、燕王臧荼、长沙王吴芮和韩王信。

燕王臧荼起初是韩广的旧部,之后又追随项羽,后来在楚汉之争中,项羽落败,臧荼便投靠刘邦。

刘邦称帝之后,有削除异姓诸侯王之意,而在诸侯王之中,燕王臧荼还没等刘邦削除,自己便提前造反了。

臧荼的造反引起了刘邦的高度重视,刘邦亲自带兵前往征讨,夏侯婴以太仆身份参加。(据《托克托文物志》记载:"燕王臧荼造反,夏侯婴以太仆从击臧荼。")

这里需要强调一点:臧荼的儿子臧衍在城破之前,已化装成老百姓的模样逃出了城,最后投奔到北方的匈奴那里去了,这也为后来匈奴南下侵汉埋下了隐患。

第二年,夏侯婴又以太仆的身份跟随刘邦攻打代郡、云中郡。据《托克托文物志》记载:"翌年,以太仆从击代郡,至武泉(治所在今内蒙古自治区托克托县新营子镇黑水泉村)、云中(治所在今内蒙古自治区托克托县古城镇古城村)。"

从史书上的记载来看,臧荼谋反失败被杀之后,他的家族并没有被刘邦灭族。臧荼的一个孙女嫁给了槐里(今陕西省兴平市东南)人王仲,并为他生下了一个女儿叫王娡。王娡后来被母亲送入皇宫,成了汉景帝的第二任皇后,为汉景帝生下了一个儿子,这个儿子就是后来大名鼎鼎的汉武帝。历史往往充满了戏剧性,刘邦无论如何也想不到汉室帝王的后代同时也是臧荼家族的后代。

韩王信是战国时期韩襄王的孙子,韩国灭亡后,流落民间。到了秦朝末年,刘邦的军队在韩国故地作战时,张良发现了韩王信。因张良的祖上是韩国人,并且祖父和父亲都在韩国做官,对韩国有特殊的感情,所以,张良就把韩王信推荐给了刘邦。刘邦任命韩王信为将军,让他率领军队跟随自己进入关中。

公元前205年,韩王信攻下了韩国故地,迫使项羽所立的韩王郑昌投降,刘邦便立韩王信为韩王。

公元前202年秋,匈奴冒顿单于率兵包围了马邑(今山西省朔州市区),驻守马邑的韩王信多次派使者到匈奴处求和。最后还是刘邦派兵援救了韩王信,但因韩王信多次私派使者,刘邦怀疑他有背叛汉朝之心,遂派人送信责备韩王信。

信中的大概意思是:匈奴进攻时,韩王信的力量足以坚守城池,韩王信作为将军没有必胜的信念,却与匈奴往来,同时,告诫他要执忠履信。韩王信看到信后,担心被杀,于是就带领马邑守军投降了匈奴,并率军反攻了太原。

公元前200年冬,刘邦亲自带兵击败了韩王信,但此后,韩王信经常带领匈奴军队侵扰边境。

在这次战役中,夏侯婴跟随汉高祖刘邦一起出征,据《托克托文物志》记载:"又以车骑将军从击反韩王信于代,至马邑(今山西省朔州市区),受诏别降楼烦以北六县,斩代左相,在武泉(治所在今内蒙古自治区托克托县新营子镇黑水泉村)北将匈奴骑兵打败。"

公元前196年,韩王信又与匈奴一起攻打汉朝,并驻兵在参合(今内蒙古自治区凉城县东北),汉朝派将军柴武领兵抗击。柴武先送给韩王信一封书信,劝他归降,信中说,刘邦宽大仁厚,诸侯王中有反叛的只要归顺朝廷,就能恢复爵位,免于诛杀。

韩王信回信说,刘邦把他从平民之中提拔出来,封他为王,对他有知遇之恩,但他多次背叛刘邦,难免一死,现在虽然很想回去,但形势不允许,只能在匈奴那儿苟且偷生。两军随即交战,韩王信战死。(据《汉书·高帝纪》记载:十一年,"将军柴武斩韩王信于参合"。)

云中都尉郑吉与托克托

笔者将从云中郡、都尉、郑吉等三个方面进行叙述。

一、云中郡

云中郡,中国古代行政区,曾存在两次。第一次为战国时期赵国、秦代、汉代。第二次为唐代,云中郡取代云州短暂地存在过。

战国赵置,秦汉沿袭,治所在云中(今内蒙古自治区托克托县古城镇古城村)。公元前234年,秦攻赵,取其地,重建为郡。秦、赵云中郡辖境相当,为今内蒙古大青山以南,黄河南岸及长城以北,土默特右旗以东,卓资县以西的地区。汉代云中郡辖境较秦代缩小,主要辖有今呼和浩特平原的大部分地区。西汉时期云中郡有38330户,人口173270人,下辖云中、咸阳、陶林、桢陵、犊和、沙陵、原阳、沙南、北舆、武泉、阳寿11县。

西汉时期,将云中郡划分为云中郡和定襄郡。东汉时期,又重新设置了云中郡。

公元742年,云州改为云中郡(今山西省大同市与朔州市怀仁一带),辖境同云州。公元758年,云中郡再改为云州。

二、都尉

据《汉书·百官公卿表》记载:"郡尉,秦官,掌佐守典武职甲卒,秩比二千石。有丞,秩皆六百石。景帝中二年更名都尉。"更名后,都尉职责是"太守佐官,分治军事"。都尉与太守虽名义上是主副之称,但地位大抵相当。郡太守掌治其郡,总理军政民事;都尉为太守佐官,专掌军事,具有军事实权。另外,都尉有单独的属吏,正如太守有丞秩六百石,都尉亦有丞秩六百石。

汉武帝时期,为了加强对边境地区的统治和满足军事行动的需要,在边郡地区分部置都尉。朔方郡、五原郡、云中郡、定襄郡、代郡各有中、东、西三部都尉各一人。

三、郑吉

郑吉(?—公元前49年),汉宣帝时期任云中都尉。西汉会稽(今浙江省绍兴市)人,卒伍出身,多次随军出征西域,升任为皇帝的侍卫郎官。郑吉为人好强,有大志,专习外国事。

关于郑吉的记载多是围绕其为西域都护及与西域有关之事,而任职云中都尉的记载仅见一处,即《后汉书》中谢承书:"其(郑弘)曾祖父本齐国临淄人,官至蜀郡属国都尉。武帝时徙强宗大姓,不得族居,将三子移居山阴,因遂家焉。长子吉,云中都尉、西域都护……"

汉宣帝时,任侍郎后的郑吉率士卒屯田积谷于渠犁,以供应出使外国者中途之需。后来由于车师国勾结匈奴,劫杀汉使,于是郑吉发动屯田区和城郭诸国士兵攻破车师,并把车师一分为二划成两国,即车师前国(今新疆维吾尔自治区吐鲁番市)和车师后国(今新疆维吾尔自治区昌吉州东四县一带)。郑吉也因功升卫司马,使护鄯善以西南道(即从古楼兰经于阗、莎车、疏勒,翻葱岭之路)。

公元前61年至公元前58年,匈奴内部矛盾严重。住在匈奴西部的日逐王名叫先贤掸,他是单于的叔伯哥哥,身兼西域僮仆都尉,驻扎在焉耆一带。

日逐王打算投降汉朝,于是派人来与郑吉联系。郑吉当即发动渠犁、龟兹各国共计5万余人迎接日逐王。当时,日逐王的部下共有12000人,其中大小头目12人,这些人后来皆随郑吉到了河曲地区。再后来,郑吉带着日逐王及其部下到了京师,朝廷封日逐王为归德侯。

郑吉因先破车师,后又迎降日逐王,威震西域。汉宣帝看他能力很强,遂命他既护鄯善以西南道,又护车师以西北道(从楼兰经车师前国、焉耆、龟兹、温宿、疏勒,翻葱岭之路)。从此丝绸之路的南、北两条道路,都由他来领护。

汉宣帝下诏嘉奖郑吉的功劳,诏书上说:"都护西域骑都尉郑吉,拊循外蛮,宣明威信,迎接匈奴单于从兄日逐王众,击破车师兜訾城,功效茂著。其封吉为安远侯,食邑千户。"

与此同时,西汉设置西域都护,郑吉为首任都护,统领西域。郑吉被任命为西域第一任都护后,选择西域中心、土地肥沃的地方设立都护的幕府,治乌垒城(今新疆库尔勒与轮台之间),负责处理西域各国事务,同时发展屯田事业,屯田校尉开始从属于都护。

由于郑吉的功绩堪比丝绸之路的开创者张骞,故《汉书·郑吉传》评价:"汉之号令班西域矣,始自张骞而成于郑吉。"

郑吉在镇守西域20余年的时间里,大力发展农垦屯田事业,使渠犁驻地成为西汉王朝边境最大的一个粮仓,使出使西域的汉朝使队能自给自足,无需中央后勤供给。郑吉对西域地区的稳定做出了巨大贡献,让西汉王朝西顾无忧。

西域都护的设置,保证了丝绸之路的畅通,加强了民族间的团结和经济文化交流。同时,因其在当地实行屯田政策,也在一定程度上促进了西域农业生产的发展。

辛庆忌与托克托

辛庆忌(? —公元前12年),字子真,狄道(今甘肃省临洮)人,破羌将军辛武贤之子,西汉将领。公元前24年至公元前21年,任云中郡太守。

班固在其所著《汉书》中讲道:"狄道辛武贤、庆忌,皆以勇武显闻。""庆忌居处恭俭,食饮被服尤节约,然性好舆马,号为鲜明,唯是为奢。为国虎臣,遭世承平,匈奴、西域亲附,敬其威信。"

这段话的意思是说:辛庆忌平日的仪容举止恭敬谦逊,饮食穿戴尤为节俭,但仅喜好车马,并将车马装饰得很耀眼,这也算是他唯一的奢侈吧。作为国家勇武之臣,适逢天下太平,匈奴、西域亲近归附的,莫不敬重他的威信。

公元前32年,辛庆忌再次调回朝廷,被任命为光禄大夫。后又迁任左曹中郎将、执金吾。①

其实,辛庆忌到云中郡任太守前是经历了许多坎坷的。他曾两次被贬官降级:第一次被贬为酒泉太守,第二次被贬为云中太守。

第一次被贬官的原因:

原先辛武贤(辛庆忌父亲)和赵充国(西汉名将)有矛盾,后来赵充国家里有人杀了辛家人,再到后来辛庆忌做执金吾时,又因儿子杀了赵家人而受株连,被贬为酒泉太守。

一年多后,大将军王凤向皇上推荐辛庆忌道:"他先前在两郡任官时功绩卓著,被征召回朝廷后,历任各种官职,没有人不信任爱戴他的。他品行端正,仁爱勇敢深得大家喜爱,而且他还通晓兵事,懂得谋略,威望很高,是国家的栋梁之材。他的父亲破羌将军辛武贤在前代名望很大,威播西域。臣王凤不宜久居辛庆忌的上位。"于是乎,辛庆忌又重新被征召为光禄大夫、执金吾。

第二次被贬官的原因:

几年后,因犯小罪,又被贬为云中太守,后又被重新征召为光禄勋(光禄大夫隶于光禄勋)。

南宋著名教育家、理学家陈普(公元1244—1315年)曾写过一首关于辛庆忌的诗,对他做了高度评价:

----

① 执金吾,古代保卫京城的官员,公元前104年由中尉更名而来。《汉书·卷一九·百官公卿表上》:"中尉,秦官,掌徼循京师,有两丞、侯、司马、千人。武帝太初元年,更名执金吾。"其所属兵卒也称为北军。地位较高,汉光武帝在民间时,曾说"仕宦当作执金吾,娶妻当得阴丽华",原因就在此。

咏史上·辛庆忌

虎豹深宫风自寒，未央前殿拜呼韩。

二边无事将军老，犹得余闲救比干。

诗中前两句说辛庆忌在与匈奴作战和在安抚西域诸国中建立了功勋，后两句是说他晚年救朱云的事。

诗中关于"救比干"的故事如下：

比干（公元前1092年—公元前1029年），沫邑（今河南省淇县）人，商王太丁的次子，商王帝乙的弟弟，商纣王帝辛的叔父，殷商王室的重臣。比干忠君爱国，为民请命，敢于直言劝谏，从政40多年，成为"亘古忠臣"。

公元前32年，汉成帝即位，崇经学，敬重师傅，以帝师赐张禹爵关内侯，与大将军王凤统领尚书事。公元前25年6月，张禹为丞相，封安昌侯，任相6年。

丞相安昌侯张禹因为是皇帝的老师，赐位特进，身兼四重尊贵身份，权势显赫，很受尊崇。

有一天，大臣朱云上书求见。皇上召见他时，公卿大臣都在旁边。朱云说："如今朝廷大臣，对上不能匡扶君主，对下不能给百姓带来利益，都是些空占职位不做事、白领俸禄的人。臣希望皇上赐给我尚方斩马剑，斩断一名佞臣的头来劝诫其他人。"成帝问："是谁？"朱云回答说："安昌侯张禹。"成帝大怒，说："你一个小官居于下位而毁谤上级，在朝廷上侮辱朕的老师，罪死不赦！"

御史遵旨上前，要捉拿朱云，朱云不肯就范，两手紧紧攀住殿上的门槛，奋力挣扎，竟把门槛折断了。朱云喊道："我能到地下和关龙逢(夏桀时忠臣,因谏被杀)、比干(商纣时忠臣,因谏被杀)在九泉之下交往,已经心满意足了!就是不知道国家前途会怎么样?"御史遂将朱云拉走。

此时,在朝堂之上的辛庆忌卸下冠帽、印绶,在大殿之上叩头说:"这位臣子向来以狂傲直率而闻名于世。假使他说的话有理,就不该诛杀他;假如他说的话不对,也应该宽容他。我愿意冒死进言。"

辛庆忌叩头叩得鲜血直流,成帝怒气逐渐消解,于是赦免了朱云的死罪。等到后来要修理门槛时,成帝说:"不要调换!就保留这根栏杆,用来表彰刚烈正直的臣子。"

陈普在《咏史上·辛庆忌》自注中提道:"朱云、刘辅得免死者,庆忌倡义救之也。武臣如此,读书士大夫可愧死矣。"

下面我们讲辛庆忌救刘辅:

南宋洪迈在《容斋随笔·卷九·辛庆忌》中写道:"汉成帝将立赵飞燕为皇后,怒刘辅直谏,囚之掖庭狱。左将军辛庆忌等上书救辅,遂得减死。"

意思是说:汉成帝将要立赵飞燕为皇后,对刘辅的直言劝谏非常恼怒,就把他囚禁在掖庭狱中。左将军辛庆忌等人上书营救刘辅,终于获得减免死罪。

附:《汉书·杨胡朱梅云传》片段

至成帝时,丞相故安昌侯张禹以帝师位特进,甚尊重。云上书求见,公卿在前。云曰:"今朝廷大臣上不能匡主,下亡以益民,皆尸位素餐。孔子所谓'鄙夫不可与事君','苟患失之,亡所不至'者也。臣愿赐尚方斩马剑，断佞臣一人以厉其余。"
上问："谁也？"对曰："安昌侯张禹。"上大怒，曰："小臣居下讪
上，廷辱师傅，罪死不赦。"御史将云下。云攀殿槛，槛折。云
呼曰："臣得下从龙逄、比干游于地下，足矣！未知圣朝何如
耳？"御史遂将云去。于是左将军辛庆忌免冠解印绶，叩头殿
下曰："此臣素著狂直于世，使其言是，不可诛；其言非，固当容
之。臣敢以死争。"庆忌叩头流血。上意解，然后得已。及后
当治槛，上曰："勿易！因而辑之，以旌直臣。"

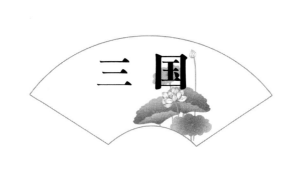

三 国

"楼烦之战"与托克托

公元181年,鲜卑首领檀石槐死后,漠南自云中以东分裂为三个集团:一是檀石槐后裔步度根集团拥众万余户,据有太原、雁门一带;二是被称为"小种鲜卑"的轲比能集团,拥众十万余骑,据有高柳(今山西省阳高县)以东的代郡、上谷边塞内外各地;三是属于联盟"东部大人"所领的若干小集团,分布在辽西、右北平、渔阳塞外。①

在三国时期,鲜为人知的轲比能曾与曹魏政权的人马大战于云中故城(今内蒙古自治区托克托县古城镇古城村)一带,而且长期生活和战斗在这里。

公元233年,曹魏政权发动攻击西部鲜卑的"楼烦②之战"。

据史料记载,曹魏政权对外族进行了多次作战,包括平阳之战、武威之战等等,共计29次,其中:27胜1平1败。在这29次战役中,只有"楼烦之战"以失败告终。

在《三国志·魏书·乌丸鲜卑东夷传》中,作者陈寿是这样

①据林干的《东胡史》。
②楼烦,今山西省太原市娄烦县。

记载"楼烦之战"的:"并州刺史毕轨遣将军苏尚、董弼等击之,比能遣子将骑与尚等会战于楼烦,临阵害尚、弼。"

鲜卑是游牧民族,北匈奴西迁后,进入匈奴故地,势力日盛。桓帝时,首领石槐死后,鲜卑瓦解,轲比能、步度根等首领依附于魏。公元230年,轲比能联合步度根叛魏,共同袭扰并州。魏并州刺史毕轨派苏尚、董弼率军出击。

"楼烦之战"是雄踞北方的轲比能再次由云中故郡一带领兵南下,与曹魏军队进行的一场较大的战役。

这场战役的经过是这样的:

公元233年,轲比能主动与步度根和亲,诱其北上,并亲自率万骑相迎于陉北①。在"马邑之围"至"楼烦之战"的四五年中,轲比能主要活动在以云中为中心的广大地区,因此,这次与步度根"和亲"也是从云中、定襄方面而来。

轲比能采取主动出击的策略,在成功策反了居住在并州地区并且已经归顺曹魏的鲜卑首领步度根后,亲自率领一万骑兵前往迎接步度根及其家眷和资产。

当时,并州刺史毕轨听到这一消息后,立刻率兵北上,希望以此举来达到既威镇轲比能,又警告步度根的效果;与此同时,他还给魏明帝曹叡上了一道奏表,汇报这里的情况。

魏明帝看到奏表后说:"步度根以为比能所诱,有自疑心。今轨出军,适使二部惊合为一,何所威镇乎?"

这段话的意思是:"步度根已被轲比能引诱,心虚多疑。现在毕轨出兵征讨,他们一定会在惊恐之下联合起来反抗朝

---

①陉北,即句注山以北,是北方军事要地,步度根驻牧于这一地区。其西北就是汉代的云中郡。

廷,哪里还有什么威震和警告呢?"于是,魏明帝立刻下旨告诫毕轨,进攻轲比能时不要越过句注塞。

从上述言论看,魏明帝曹叡具有洞悉军事平衡的能力。但是,等到诏书送到时,毕轨已经进军到阴馆驻屯,并已派遣将军苏尚、董弼追击鲜卑人。当毕轨命令苏尚和董弼对轲比能人马穷追不舍时,已然犯了孤军深入敌后的大忌。

此时,步度根已随轲比能向云中故郡方向而去。毕轨派将军苏尚、董弼沿漯水①追击。而鲜卑方面,轲比能遣子将千余骑迎步度根,自统军与苏尚、董弼等战于楼烦。最后,曹魏将领苏尚、董弼战死,魏军被歼。轲比能及其部众于战后北上,返回云中地区。

---

①古水名,今之桑干河。

西 晋

秦秀与托克托

秦秀,字玄(元)良,西晋新兴郡云中(今山西省原平市西南)人。东汉末年,云中乔迁陉南,秦秀的祖籍是原来的云中。

云中县,秦置,治今内蒙古自治区托克托县东北,为云中郡治所。东汉建安后期移治今山西省原平市西南,属新兴郡。

秦秀的父亲名叫秦朗,三国时为曹魏政权的骁骑将军。秦秀少年时期,敦厚诚直,品学兼优,知名于世。公元275—279年,任为博士。

秦秀这个品学兼优的才子,有下面三个方面的优点:一是直言不讳;二是性忌谗佞;三是功过分明。

一、直言不讳

曹魏时期有一个人叫何曾,他积极为司马炎策划代魏建晋的行动,因此,晋朝建立后,何曾拜为太尉,直至太保兼司徒,晋封为朗陵公。朝会之时,何曾享受坐车佩剑的特权。可谓一人之下,万人之上,深受荣宠。公元278年,何曾去世,终年80岁。

何曾特别讲究吃喝,不惜花费大量的金钱与精力去研究美食。他每天用于饮食的钱财超过万金，即便如此，仍然感到味道不佳，还要说无处下箸。

何曾尚奢豪，求华侈。其厨房所制作的馔肴，胜过王侯帝戚之家。晋帝每次举办宫廷盛宴，何曾都不食用太官烹制的馔肴，认为它们不如自己家制的味美，无法下咽。晋帝亦不恼怒，反而特许他自带家厨烹制的菜肴。

何曾死后，晋武帝沿用周礼，诏命礼官讨论，给何曾定谥号。秦秀直言不讳，对何曾的行为以经学礼义为依据，予以严词挞伐。

据《资治通鉴》卷八十的记载，秦秀讲道：何曾骄奢过度，名被九域。宰相大臣，人之表仪。若生极其情，死又无贬，王公贵人复何畏哉！谨按《谥法》，"名与实爽曰缪，怙乱肆行曰丑"，宜谥"缪丑公"。

后来，博士秦秀以何曾奢侈无度为理由请求谥曰"缪丑"的建议，没有被武帝司马炎采纳，帝下诏谥曰"孝"。

二、性忌谄佞

秦秀性忌谄佞，疾恶如仇，他是绝对不会趋炎附势，向谄媚之人低头的。

贾充曾参与镇压淮南二叛和弑杀魏帝曹髦，因此深得司马氏信任，其女儿贾褒（一名荃）及贾南风分别嫁予司马炎弟司马攸及次子司马衷，与司马氏结为姻亲，地位显赫。晋朝建立后，升任司空、太尉等要职。但此人专以谄媚取宠著称，秦秀一向轻视鄙薄他。

公元280年，司马炎发动灭吴之战，晋朝廷决定出六路兵马攻吴。

武帝命贾充使持节、假黄钺、大都督,总统六军。贾充害怕失败,反对出兵,但司马炎坚持,说若贾充不领兵,他就会亲率部队出征。贾充被迫接受任命,领中军屯襄阳,节度诸军。

秦秀认为贾充位高才疏,不配担此大任。后来晋朝的大将王濬从蜀地出兵,攻无不克,守卫夏口、武昌的吴军节节败退,大军直抵吴都建业(今南京),逼吴帝孙皓投降。

贾充坐井观天,根本不知此事,竟认为吴未平,还一个劲儿地奏请武帝召诸将击吴,他的奏表与王濬的捷报同时到达,成为千古笑料。

等到贾充的使者至轘辕时,吴帝孙皓早已投降。

因为贾充原本就反对攻吴,今东吴覆亡,贾充十分害怕,打算请罪,但司马炎只作安抚而未问罪。

贾充病重时害怕死后会得个坏的谥号,侄子贾模则说:"是非功过自有评论,无法掩饰的。"博士秦秀商议谥号时,认为:充悖礼溺情,以乱大伦。按《谥法》"昏乱纪度曰荒",请谥"荒公"。司马炎不肯,听从段畅的意见,谥为"武公"。

三、功过分明

秦秀对有功之臣,甚为赞赏,对不公正的待遇,敢于上表伸张正义。

王濬,西晋大将,领兵伐吴,灭吴,在平吴中功劳卓著,册封襄阳侯。

王濬带领兵将要到达秣陵①。王浑遣使者令王濬暂停,到自己军中商量事情,工濬张起船帆直往前驶,回报王浑说:"风

①秣陵:建业,也叫石头城,今南京市。

大，船不能停。"

此时的王浑早已打败吴帝孙皓的中军，杀了张悌等，但仍按兵不动，不敢前进。后来，王濬乘胜接受了孙皓投降，王浑感到耻辱且愤怒，于是向朝廷上表，说王濬违背诏命，不受自己调度，对王濬进行诬告。

王濬当时因从蜀地直攻至秣陵而威名远播，但王浑却认为自己率先攻破孙皓的主力部队，功劳应当最大，只因当时按兵不动才令王濬比他更快到达秣陵，故此王浑非常不甘心，后悔没有在击破张悌后立刻进攻秣陵，于是，多次上奏要揭发王濬的罪行，此举更被人讥讽。

王浑对王濬潜毁构陷，武帝虽不允许，但也没有对王浑明显的责罚。

当时武帝下诏指责王濬说："伐吴是件大事，应有统一军令。以前有诏使将军受安东将军王浑调度，王浑思谋深远稳重，按兵等待将军。为何径直前行，不听王浑命令，违背制度，不明利害，甚失大义。将军的功勋，铭刻朕心，应当按诏书行事，以维护王法尊严，而在战事将终时，恃功肆意而行，朕将何以行令于天下！"

秦秀等人上表奏请武帝，为王濬打抱不平。武帝批准他的奏章，升王濬为镇远大将军。

北魏

云中镇将司马楚之与托克托

司马楚之(公元390—464年),字德秀,河内郡温县(今河南省温县)人。北魏大臣,晋宣帝司马懿四弟曹魏东武城侯司马馗八世孙,东晋益州刺史司马荣期之子。

司马楚之17岁时,带着父亲灵柩返回建康。当得知太尉刘裕诛杀宗室,遂逃亡于汝颍之间。后归顺北魏山阳公奚斤,再后来又得到北魏明元帝拓跋嗣的器重,拜征南将军,大破宋军于长社(今河南省长葛市东),册封琅琊郡王。从征凉州、平定仇池、北征柔然有功,出任云中镇都大将。

当时,司马楚之娶了诸王女河内公主,生了个儿子叫司马金龙。后来司马金龙也当上了云中镇大将。

司马楚之在北疆一干就是20多年,直到他去世。这期间,他不仅确保北疆安定,还以清俭著闻,甚得太武帝拓跋焘的信赖。

公元464年,司马楚之去世,时年75岁,谥号贞王,葬于云中金陵(今内蒙古自治区托克托县古城镇云中古城西北)。

据《托克托文物志》记载:"公元386年,建立北魏王朝,在云中城建起了盛乐宫,皇陵即'云中之金陵',亦建在了云中城附近。"

下面讲两则司马楚之的故事,以介绍其为人与处事。

一、折节待士

司马楚之年轻时有英武豪迈的气概,能谦恭地对待士人。当初司马楚之起兵反抗刘裕时,东晋的很多有才能、有名望的人都纷纷来投靠。他虽贵为王族,却从不骄矜自傲,很多士人都愿意追随他讨伐刘裕。很快,司马楚之就在汝水、颍水一带招募了一万多人马,时刻准备着给司马氏家族报仇。

因此,司马楚之便成了刘裕的心腹大患,必欲除之而后快。后来,刘裕经过一番深思熟虑,打算采取暗杀的方式除掉司马楚之。于是,他找到了一位名叫沐谦的杀手,并予以重金,让他混到司马楚之身边。沐谦接受任务后,以投靠司马楚之的方式,来到他的军中,伺机接近并刺杀他。

沐谦整日将匕首揣在怀里,每天跑到司马楚之的住所寻找下手时机,但每次都失望而归。终于有一天,沐谦想出了一个接近司马楚之的方法,于是他装病躺在床上。

果然不出所料,司马楚之听说沐谦生病,便亲自端着汤药去看望他。当看到这一情景的一瞬间,沐谦的感激之情油然而生。于是,他从被窝里取出匕首,把实情告诉了司马楚之,并且建议道:"将军为刘裕所顾忌和畏惧,希望不要轻率,而以保全为先。"司马楚之叹息说:"如果像你所说的那样,即使有所防范,恐怕也会有所失。"沐谦敬佩司马楚之的为人,于是委身侍奉他。

就这样,刺客变成了刺杀对象的保镖。

二、足智多谋

据有仇池国后，北魏已经完全统一北方。而这时除南面的刘宋之外，北方的柔然常年寇边，逐渐成为北魏的主要敌人。公元443年，北魏太武帝拓跋焘亲自挂帅兵分四路进攻柔然，没想到在回师时却被柔然抄了后路，损失惨重，镇北将军封沓投降了柔然。

公元444年冬，拓跋焘再度北征柔然，司马楚之被拓跋焘任命为督粮官，负责押运北魏军的全部粮草辎重。

当时，投降柔然的封沓建议进攻司马楚之所部，并且说只要断绝了北魏的粮草，拓跋焘自然大败而归。柔然首领听取封沓的建议，派出了斥候去打探司马楚之的军情。

有一天清晨，司马楚之的部下发现了一个奇怪的现象，有一只运送粮草的毛驴，居然被人割掉了一只耳。军官们反复调查了所有看管驴子的士兵，没有人承认是自己所为。将士们感到十分奇怪，又找不到原因，但他们也没当回事。

然而，听到汇报的司马楚之却立刻警觉起来。他说，这被割下的驴耳朵，肯定是被敌人的探子作为复命的信物带走了。而且，柔然的探子之所以能这么轻易地找到我军的粮草所在地，肯定是得到了叛将封沓的情报。请大家注意了，敌军马上就要来偷袭我们了！

于是，司马楚之当机立断：命令全军将士立刻就近砍伐柳树做成围墙，然后用水浇筑。当时正值隆冬时节，水和柳树在低温的作用下迅速凝冻，一座坚固的冰城很快就造好了。

然后，司马楚之又命令士兵们把所有的粮草辎重放在冰城中间，并按照平常演练的那样，分散守卫在粮草周围。

当司马楚之刚刚布置好防守阵型,柔然的大军就压境了。然而,他们面对的是一座被冰墙高高包围起来的城堡,根本无法攀登,只得望洋兴叹,灰溜溜地转身离去了。

由于司马楚之见微知著,巧妙退敌,太武帝拓跋焘闻而嘉之。就这样,心细如发的司马楚之,不但成功保住了北魏大军的粮草,还避免了再次被敌人偷袭的厄运。后来司马楚之被拓跋焘重用,升任为云中镇大将、朔州刺史等,成了北魏著名的边关大将。

隋 代

观风行殿与托克托

在谈隋代的观风行殿前,我们必须先介绍一个人,他叫宇文恺,此殿是隋炀帝命他建造的。

宇文恺(公元555—612年),字安乐,弘化郡岩绿县(今陕西省靖边县北白城子)人,鲜卑族。中国古代杰出建筑学家、城市规划专家。

宇文恺出身武将世家,好学博览,多技艺。初仕北周,入隋任营新都副监。凡所规划,皆出其手。大业时,迁将作大匠,后拜工部尚书,又征民工开凿广通渠,以利灌溉。引渭水,达黄河,以通漕运。公元607年,隋炀帝北巡前,命其造观风行殿及行城。

观风行殿造于八月。据《隋书》本传记载:"造观风行殿,上容侍卫者数百人,离合为之,下施轮轴,推移倏忽,有若神功。戎狄见之,莫不惊骇。"行城亦造于八月。

观风行殿是一种活动性建筑,上面为宫殿式木构建筑,可以拆卸和拼装;下面设置轮轴机械,可以推移,可惜其具体形制和结构史无明言,难以详悉,行城应是一种板装并附有布屏的围城。

隋炀帝北巡准备去哪里呢？首先，他要去巡视突厥启民可汗的驻牧地。

据史料记载，当时启民可汗及其部众驻牧于今天的内蒙古自治区托克托县古城镇古城村的云中古城及大黑河沿岸一带。

那么，启民可汗及其部众是什么时间驻牧于云中古城及大黑河沿岸一带的呢？

公元599年，隋文帝筑大利城，用来安顿突厥的启民可汗及其部落。隋炀帝大业初置大利县（治今内蒙古自治区和林格尔县西北土城子），为定襄郡治。

隋炀帝大业初置大利县后，原居于大利城及其周边地区的突厥启民可汗及其部众去哪里呢？

《绥稿》卷12（中），第二册135页引《山西通志》："定襄郡治大利城，即古云州也，在和林格尔厅。又案文帝居启民于大利城，炀帝于大利置县，盖徙启民于万寿戍也。"万寿戍即云中故城，此时，启民可汗及其部众被隋炀帝令居万寿戍了。

那么，隋炀帝是什么时间到云中地区的呢？据《资治通鉴·隋纪四》记载：

"（大业三年）八月，壬午，车驾发榆林，历云中，溯金河。时天下承平，百物丰实，甲士五十余万，马十万匹，旌旗辎重，千里不绝。令宇文恺等造观风行殿，上容侍卫者数百人，离合为之，下施轮轴，倏忽推移。又作行城，周二千步，以板为干，衣之以布，饰以丹青，楼橹悉备。胡人惊以为神，每望御营，十里之外，屈膝稽颡，无敢乘马。启民奉庐帐以俟车驾；乙酉，帝幸其帐,启民奉觞上寿,跪伏恭甚,王侯以下袒割于帐前,莫敢仰视。帝大悦,赋诗曰:'呼韩顿颡至,屠耆接踵来;何如汉天子,空上单于台。'"

大概意思是说:公元607年八月,隋炀帝前往榆林,游历云中地区,溯金河北上。当时天下太平,百物丰盈,隋炀帝随行的戴甲士卒达50余万,其中铁骑10万,一路上旌旗辎重,千里不绝。隋炀帝令宇文恺造一种能移动能观景的殿宇,上面能够容纳数百名侍卫,殿宇下有轮轴,可拼拆,可推着走。又造一种能够行走的"城",周长2000步,"城"内有楼,有瞭望塔。突厥人看到隋炀帝的队伍,惊叹之余,以为神仙下凡,每次远远望见隋炀帝的大营,10里之外,便屈膝叩头,无人再敢骑马。启民可汗恭迎隋炀帝,隋炀帝驾临其大帐,启民捧酒为隋炀帝祝寿,跪伏在地,执礼甚恭,王侯以下皆于帐前袒露右臂,以此致礼,不敢抬头,隋炀帝大为高兴,赋诗一首:

鹿塞鸿旗驻,龙庭翠辇回。

毡帐望风举,穹庐向日开。

呼韩顿颡至,屠耆接踵来。

索辫擎膻肉,韦鞲献酒杯。

何如汉天子,空上单于台。

由此可见,隋炀帝不放过任何一次炫耀的机会,其得意之情溢于言表。

上述记载的"榆林"在今内蒙古自治区托克托县黄河西岸;"云中",今内蒙古自治区托克托县古城镇古城村故城;"金河"，古称紫河，即今之大黑河。

塞外的8月阳光普照，秋高气爽，是草原最美的季节。云中古城一带，到处都驻有隋朝兵马，人声鼎沸，无法形容。

50余万人的队伍，规模空前，再加上草原上一夜之间突而筑起一座城池，城池中又起宫殿，十分炫丽而壮观。尤其是闻所未闻、见所未见的能移动能观景的殿宇，让草原上的人们感到十分震惊，"胡人以为神"，只要看到北巡的仪仗，突厥人就屈膝叩头，也没有人胆敢骑马。

另据《资治通鉴》记载，公元609年6月，隋炀帝西巡，至张掖（今甘肃省张掖市）时，亦"御观风行殿，盛陈文物，奏九部乐，设鱼龙曼延，宴高昌王、吐屯设于殿上，以宠异之。其蛮夷陪列者三十余国"。

上述这些大型的活动性建筑，从另一侧面反映了隋代宇文恺在机械制造方面有着很高的造诣。

对于此等情景，后来的唐太宗李世民称赞道："大业之初，隋主入突厥，兵马之强，自古以来不过一两代耳。"

由于天气渐冷，隋炀帝没有按预定计划东走涿郡回朝，而是就近取马邑道入塞，启民可汗一直护驾至入塞后才回到云中故城。8月17日，隋炀帝入楼烦关（今山西省静乐县境）至太原。回途中隋炀帝开直道上太行山，一路巡游，所费极为浩大，于9月23日回到东都。

当时，隋朝的朝臣高颎、贺若弼等人私议皇帝此次出巡过于奢侈，隋炀帝知道后，将他们以诽谤朝政的罪名杀掉了。

隋炀帝此次北巡，在金河（今大黑河）岸边与启民可汗会晤，签订了友好盟约，史称"金河会盟"。当时的突厥人，既可游牧于北方草原,也可进入长城以内居住。双方的和睦关系一度促进了北方地区的经济发展与文化交流。

云州总管杜彦与托克托

杜彦，云中人也。父迁，属葛荣之乱，徙家于幽。彦性勇果，善骑射。生于公元538年，卒于公元598年。

杜彦先后出仕于北周、隋。官至隋朝的柱国将军，爵位为襄武公。(《隋书》·卷五十五·列传二十·杜彦)

杜彦曾经两次担任隋朝的云州总管：第一次是开皇十四年，即公元594年；第二次是开皇十八年，即公元598年。

公元220—226年，始置都督诸州军事，公元559年改为总管。隋代沿用，总管作为地方高级军政长官(边境地区军政合一)。

在杜彦担任云州总管前后，今天托克托这个地方的归属与建制曾发生过多次变化，但均归杜彦管理。

一、杜彦担任云州总管前

公元583年，隋朝在今天托克托这个地方重新设阳寿县，这个县在汉代曾经设过。(《绥远通志稿》记载："隋开皇三年置阳寿县，因汉县为名也。")

紧接着又在今天托克托的边界处设置了榆林郡(郡治今

内蒙古自治区准格尔旗以及榆关总管。

后来隋王朝简化地方官制,实行"罢郡为州"的政策,即将原来的州、郡、县三级制度改为州、县两级制。于是,又将榆林郡以及榆关总管改成了云州总管,阳寿县归云州总管管理。(《绥远通志稿》记载:"又置榆林郡及榆关总管于县界,后改云州总管。")

公元586年置榆林县、公元598年置富昌县均归云州总管管辖。

二、杜彦担任云州总管后

公元598年,隋朝又将阳寿县改成金河县,但仍然归云州总管管理。(《绥远通志稿》记载:"十八年改阳寿曰金河。")

阳寿县改为金河县的原因是:县境内有个金河泊。

后来,云州徙,而金河县、榆林县、富昌县都归了胜州。

从公元598年到公元618年,金河县在今天托克托的地面上置而撤、撤而置长达18年。

杜彦为什么会担任云州总管呢?事情的经过是这样的:

公元594年,云州总管贺娄子干死后,隋文帝杨坚痛惜不已,忧虑边塞防务之事,于是询问侍臣:"云州的榆林是国家的重镇,从哪里能找到像贺娄子干这样的人才,来戍守要塞呢?"

几天后,隋文帝考虑再三说:"我思谋可以镇守云州榆林的人,莫过杜彦了。"于是征诏拜受杜彦为云州总管。

(《隋书·杜彦传》记载:"岁余,云州总管贺娄子干卒,上悼惜者久之,因谓侍臣曰:'榆林国之重镇,安得子干之辈乎?'后数日,上曰:'吾思可以镇榆林者,莫过杜彦。'于是征拜云州总管。")

自此以后，突厥畏惮，都怕杜彦，不敢肆意进入边塞了。

公元598年，高句丽婴阳王高元率骑兵一万多人进扰辽西，杜彦随汉王杨谅到营州，参加辽东战役。隋文帝考察杜彦骁勇善战的历史，下令让杜彦总统五十营事，回来后又拜受朔州总管。

此后，突厥又来进犯云州，皇上令杨素赶走后，仍然担心突厥边患。想到杜彦历来为突厥所惮，于是又拜杜彦为云州总管。（《隋书·杜彦传》记载："突厥复寇云州，上令杨素击走之，是后犹恐为边患，以彦素为突厥所惮，复拜云州总管。"）

后来，杜彦因病回到朝中。杜彦死后，因他有功绩，他的儿子宝虔被授予承县公，在大业末年升为文城郡丞。

唐代

陈子昂与托克托

陈子昂,梓州射洪(今四川省射洪市)人,字伯玉。初唐诗人、文学家、诗文革新人物之一。青年时轻财好施,慷慨任侠。24岁举进士,因上书论政得到武则天重视,授麟台正字①后升右拾遗②,因任右拾遗,后世称陈拾遗。

陈子昂在26岁、36岁时两次到边塞从军,对边防建设很有见解。存诗共100多首,其诗风骨峥嵘,寓意深远,苍劲有力。其中最有代表性的有组诗《感遇》38首和《登幽州台歌》,我们今天比较熟悉的名句"前不见古人,后不见来者"就出自他的《登幽州台歌》。

公元682年冬季,北方突厥继伏念、温傅战败被擒后,阿史那骨咄禄等招集亡散部众,据黑沙城又反,史称其为"后突厥"。

公元684年,后突厥势力再度兴起,盘踞大漠南北,不断袭扰唐朝边境地区。到了后突厥可汗默啜(骨咄禄之弟)时,拥有骑兵40余万,在漠南地区扩地几千里,占据唐王朝长城

①麟台,秘书省;正字,掌管校勘典籍之事。
②拾遗:谏官的一种,主要负责向皇帝奏论政事。

以北的大片领土,并且以云中地区为中心南下侵扰中原,时刻威胁唐朝政权。特别是今天的托克托县境内黄河沿岸一线,地势宽敞平坦,便于后突厥骑兵运动作战。每到冬季黄河结冰之后,后突厥的大队人马踏冰而过,如履平地,因此,云中地区的黄河沿岸成为北方军务最为繁忙地区之一。

公元686年,陈子昂以麟台正字,从右补阙乔知之①,护左豹韬卫将军刘敬同军北征金微军都督仆固始,这是陈子昂第一次出征边塞。

陈子昂随乔知之北征叛乱的后突厥仆固始的时间尽管不长,未经年而归,但他目睹了西北边塞政治与军事的危急形势,因此向武则天呈上了《为乔补阙论突厥表》。因乔知之与陈子昂友情甚笃,乔知之作《拟古赠陈子昂》。

出征中,陈子昂作《感遇诗三十八首·其三》,诗中这样写道:

> 苍苍丁零塞,今古缅荒途。
> 亭堠何摧兀,暴骨无全躯。
> 黄沙幕南起,白日隐西隅。
> 汉甲三十万,曾以事匈奴。
> 但见沙场死,谁怜塞上孤。

这首诗后两句的意思是:汉王朝曾派遣了30万士卒,来到此地与匈奴战斗。只见他们纷纷战死沙场,有谁来怜悯边疆孤独无依的老人和孩子?

在陈子昂随乔知之北征突厥,准备返回唐朝时,经过云

———————
① 唐高宗李渊外孙。

中①地区时,有感于时局而作《感遇诗三十八首·其三十七》:

> 朝入云中郡,北望单于台。
> 胡秦何密迩,沙朔气雄哉。
> 藉藉天骄子,猖狂已复来。
> 塞垣无名将,亭堠空崔嵬。
> 咄嗟吾何叹,边人涂草莱。

诗人以直抒胸臆的方法,通过自己从军的所见所感来表现英勇豪迈的气概和对国事的忧虑。

"藉藉天骄子,猖狂已复来"即是深谋远虑地向当权者发出警告,希望对突厥严加防备,"北望单于台"一句,表达了陈子昂对西北边患的深切忧虑。

诗人登高望远,抒发高远情怀,正如诗人在诗的末尾所言:"塞垣无名将,亭堠空崔嵬。咄嗟吾何叹,边人涂草莱。"边患频发,统治者对此没有良策,再加上唐王朝此时缺乏精兵良将,空使边地的百姓纷纷死于战乱。

中国现代著名作家、语言学家林语堂在《武则天正传》(第三十章)中曾赞许陈子昂道:"若与同时专写诗向武后及其面首歌功颂德的两个诗人沈佺期、宋之问相比,陈子昂不愧是百姓的喉舌。"

陈子昂的《感遇三十八首》组诗势如贯珠,气韵畅达,堪称边塞诗的佳作。

---

①云中,古郡名。起于战国,秦汉因之。郡治今内蒙古自治区托克托县。

附:陈子昂《感遇诗三十八首》全文

其一

微月生西海,幽阳始代升。

圆光正东满,阴魄已朝凝。

太极生天地,三元更废兴。

至精谅斯在,三五谁能征。

其二

兰若生春夏,芊蔚何青青。

幽独空林色,朱蕤冒紫茎。

迟迟白日晚,袅袅秋风生。

岁华尽摇落,芳意竟何成。

其三

苍苍丁零塞,今古缅荒途。

亭堠何摧兀,暴骨无全躯。

黄沙幕南起,白日隐西隅。

汉甲三十万,曾以事匈奴。

但见沙场死,谁怜塞上孤。

其四

乐羊为魏将,食子殉军功。

骨肉且相薄,他人安得忠。

吾闻中山相,乃属放麑翁。

孤兽犹不忍,况以奉君终。

其五

市人矜巧智，于道若童蒙。

倾夺相夸侈，不知身所终。

曷见玄真子，观世玉壶中。

窅然遗天地，乘化入无穷。

其六

吾观龙变化，乃知至阳精。

石林何冥密，幽洞无留行。

古之得仙道，信与元化并。

玄感非象识，谁能测沈冥。

世人拘目见，酣酒笑丹经。

昆仑有瑶树，安得采其英。

其七

白日每不归，青阳时暮矣。

茫茫吾何思，林卧观无始。

众芳委时晦，鶗鴂鸣悲耳。

鸿荒古已颓，谁识巢居子。

其八

吾观昆仑化，日月沦洞冥。

精魄相交会，天壤以罗生。

仲尼推太极，老聃贵窈冥。

西方金仙子，崇义乃无明。

空色皆寂灭,缘业定何成。

名教信纷藉,死生俱未停。

其九

圣人秘元命,惧世乱其真。

如何嵩公辈,诙谲误时人。

先天诚为美,阶乱祸谁因。

长城备胡寇,嬴祸发其亲。

赤精既迷汉,子年何救秦。

去去桃李花,多言死如麻。

其十

深居观元化,悱然争朵颐。

谗说相啖食,利害纷嶷嶷。

便便夸毗子,荣耀更相持。

务光让天下,商贾竞刀锥。

已矣行采芝,万世同一时。

其十一

吾爱鬼谷子,青溪无垢氛。

囊括经世道,遗身在白云。

七雄方龙斗,天下久无君。

浮荣不足贵,遵养晦时文。

舒可弥宇宙,卷之不盈分。

岂徒山木寿,空与麋鹿群。

其十二

呦呦南山鹿，雁岊以媒和。

招摇青桂树，幽蠹亦成科。

世情甘近习，荣耀纷如何。

怨憎未相复，亲爱生祸罗。

瑶台倾巧笑，玉杯殒双蛾。

谁见枯城蘽，青青成斧柯。

其十三

林居病时久，水木澹孤清。

闲卧观物化，悠悠念无生。

青春始萌达，朱火已满盈。

徂落方自此，感叹何时平。

其十四

临岐泣世道，天命良悠悠。

昔日殷王子，玉马遂朝周。

宝鼎沦伊谷，瑶台成古丘。

西山伤遗老，东陵有故侯。

其十五

贵人难得意，赏爱在须臾。

莫以心如玉，探他明月珠。

昔称天桃子，今为春市徒。

鸱鸮悲东国，麋鹿泣姑苏。

谁见鸱夷子,扁舟去五湖。

其十六

圣人去已久,公道缅良难。

蚩蚩夸毗子,尧禹以为谩。

骄荣贵工巧,势利迭相干。

燕王尊乐毅,分国愿同欢。

鲁连让齐爵,遗组去邯郸。

伊人信往矣,感激为谁叹。

其十七

幽居观天运,悠悠念群生。

终古代兴没,豪圣莫能争。

三季沦周报,七雄灭秦嬴。

复闻赤精子,提剑入咸京。

炎光既无象,晋虏复纵横。

尧禹道已昧,昏虐势方行。

岂无当世雄,天道与胡兵。

咄咄安可言,时醉而未醒。

仲尼溺东鲁,伯阳遁西溟。

大运自古来,旅人胡叹哉。

其十八

逶迤势已久,骨鲠道斯穷。

岂无感激者,时俗颓此风。

灌园何其鄙,皎皎于陵中。

世道不相容,啧啧张长公。

其十九

圣人不利己,忧济在元元。

黄屋非尧意,瑶台安可论。

吾闻西方化,清净道弥敦。

奈何穷金玉,雕刻以为尊。

云构山林尽,瑶图珠翠烦。

鬼工尚未可,人力安能存。

夸愚适增累,矜智道逾昏。

其二十

玄天幽且默,群议曷嗤嗤。

圣人教犹在,世运久陵夷。

一绳将何系,忧醉不能持。

去去行采芝,勿为尘所欺。

其二十一

蜻蛉游天地,与世本无患。

飞飞未能止,黄雀来相干。

穰侯富秦宠,金石比交欢。

出入咸阳里,诸侯莫敢言。

宁知山东客,激怒秦王肝。

布衣取丞相,千载为辛酸。

其二十二

微霜知岁晏，斧柯始青青。

况乃金天夕，浩露沾群英。

登山望宇宙，白日已西暝。

云海方荡潏，孤鳞安得宁。

其二十三

翡翠巢南海，雄雌珠树林。

何知美人意，骄爱比黄金。

杀身炎州里，委羽玉堂阴。

旖旎光首饰，葳蕤烂锦衾。

岂不在遐远，虞罗忽见寻。

多材信为累，叹息此珍禽。

其二十四

挈瓶者谁子，姣服当青春。

三五明月满，盈盈不自珍。

高堂委金玉，微缕悬千钧。

如何负公鼎，被夺笑时人。

其二十五

玄蝉号白露，兹岁已蹉跎。

群物从大化，孤英将奈何。

瑶台有青鸟，远食玉山禾。

昆仑见玄凤，岂复虞云罗。

其二十六

荒哉穆天子，好与白云期。
宫女多怨旷，层城闭蛾眉。
日耽瑶池乐，岂伤桃李时。
青苔空萎绝，白发生罗帷。

其二十七

朝发宜都渚，浩然思故乡。
故乡不可见，路隔巫山阳。
巫山彩云没，高丘正微茫。
伫立望已久，涕落沾衣裳。
岂兹越乡感，忆昔楚襄王。
朝云无处所，荆国亦沦亡。

其二十八

昔日章华宴，荆王乐荒淫。
霓旌翠羽盖，射兕云梦林。
朅来高唐观，怅望云阳岑。
雄图今何在，黄雀空哀吟。

其二十九

丁亥岁云暮，西山事甲兵。
赢粮匝邛道，荷戟争羌城。
严冬阴风劲，穷岫泄云生。
昏曀无昼夜，羽檄复相惊。

拳局竞万仞，崩危走九冥。

籍籍峰壑里，哀哀冰雪行。

圣人御宇宙，闻道泰阶平。

肉食谋何失，藜藿缅纵横。

其三十

可怜瑶台树，灼灼佳人姿。

碧华映朱实，攀折青春时。

岂不盛光宠，荣君白玉墀。

但恨红芳歇，凋伤感所思。

其三十一

竭来豪游子，势利祸之门。

如何兰膏叹，感激自生冤。

众趋明所避，时弃道犹存。

云渊既已失，罗网与谁论。

箕山有高节，湘水有清源。

唯应白鸥鸟，可为洗心言。

其三十二

索居犹几日，炎夏忽然衰。

阳彩皆阴翳，亲友尽睽违。

登山望不见，涕泣久涟洏。

宿梦感颜色，若与白云期。

马上骄豪子，驱逐正蚩蚩。

蜀山与楚水,携手在何时。

其三十三

金鼎合神丹,世人将见欺。

飞飞骑羊子,胡乃在峨眉。

变化固幽类,芳菲能几时。

疲疴苦沦世,忧痗日侵淄。

眷然顾幽禍,白云空涕洟。

其三十四

朔风吹海树,萧条边已秋。

亭上谁家子,哀哀明月楼。

自言幽燕客,结发事远游。

赤丸杀公吏,白刃报私仇。

避仇至海上,被役此边州。

故乡三千里,辽水复悠悠。

每愤胡兵入,常为汉国羞。

何知七十战,白首未封侯。

其三十五

本为贵公子,平生实爱才。

感时思报国,拔剑起蒿莱。

西驰丁零塞,北上单于台。

登山见千里,怀古心悠哉。

谁言未忘禍,磨灭成尘埃。

其三十六

浩然坐何慕，吾蜀有峨眉。

念与楚狂子，悠悠白云期。

时哉悲不会，涕泣久涟洏。

梦登绥山穴，南采巫山芝。

探元观群化，遗世从云螭。

婉娈时永矣，感悟不见之。

其三十七

朝入云中郡，北望单于台，

胡秦何密迩，沙朔气雄哉。

藉藉天骄子，猖狂已复来。

塞垣无名将，亭堠空崔嵬。

咄嗟吾何叹，边人涂草莱。

其三十八

仲尼探元化，幽鸿顺阳和。

大运自盈缩，春秋递来过。

盲飙忽号怒，万物相纷劙。

溟海皆震荡，孤凤其如何。

宋 代

苏东坡、晁补之与托克托

晁补之是苏东坡的门生,在他们的诗词中均提到云中郡以及与云中郡相关的人物。笔者在讲苏东坡与晁补之的故事之前,先讲冯唐与魏尚。

一、冯唐与魏尚

《云中守魏尚》是南宋洪迈创作的一篇文章,源自《史记》《汉书》所记冯唐救魏尚的事。其始云:"魏尚为云中守,与匈奴战,上功幕府,一言不相应,文史以法绳之,其赏不行。臣以为陛下赏太轻、罚太重。"而又申言之云:"且云中守魏尚,坐上功首虏差六级,陛下下之吏,削其爵,罚作之。"重言云中守及姓名,而文势益道健有力,今人无此笔也。

洪迈的文章中两次说到云中郡守及其姓名,并且强调:讲到此时"文章气势更加显得遒劲有力,今天的人们是没有这样的笔力的。"

事情的经过是这样的:魏尚的好友、郎中署长冯唐认为对魏尚的处理不当,便当面向汉文帝直谏道:我愚蠢地认为陛下的法令太严,奖赏太轻,惩罚太重。况且云中郡守魏尚只犯了错报多杀敌六人的罪，陛下就把他交给法官，削他的爵位，判处一年的刑期。由此说来，陛下纵然得到像廉颇、李牧那样的将才，也是不懂得任用的。汉文帝觉得冯唐讲得有道理，当天就令冯唐拿着符节去赦免了魏尚的罪，并且再度任命他为云中郡守，同时又任命冯唐为车骑都尉，统领中尉和郡国的车战之士。

历代感叹冯唐的人很多，唐代著名诗人王勃在《秋日登洪府滕王阁饯别序》中说："嗟乎，时运不齐，命运多舛，冯唐易老，李广难封。"宋朝著名诗人苏轼，在他渴望得到朝廷召唤的时候，在山东诸城写下了《江城子·密州出猎》这首词。

二、苏东坡与晁补之

苏轼（公元1037年1月8日至公元1101年8月24日），字子瞻，一字和仲，号铁冠道人、东坡居士，世称苏东坡、苏仙、坡仙，眉州眉山（今四川省眉山市）人，北宋文学家、书法家、美食家、画家。他是北宋中期文坛领袖，在诗、词、散文、书、画等方面取得很高成就，是全才式的艺术巨匠。

晁补之（公元1053—1110年），字无咎，号归来子，济州钜野（今山东巨野）人，北宋时期著名文学家，"苏门四学士"（另有北宋诗人黄庭坚、秦观、张耒）之一。

晁补之曾任吏部员外郎、礼部郎中。工书画，能诗词，善属文。其词格调豪爽，语言清秀晓畅，近苏轼。但其诗词流露出浓厚的消极归隐思想。

苏东坡比晁补之大16岁。

晁补之少时即受到苏轼赏识，公元1071年，晁补之18岁时，跟随父亲游宦杭州，观览钱塘风物之盛丽、山川之秀异，于是写了《七述》一文。此时,苏轼正做杭州通判,喜欢杭州美景,欲作杭州赋。晁补之以《七述》谒见苏轼,苏轼"读之叹曰:'吾可以搁笔矣!'又称其文博辩隽伟,绝人远甚,必显于世,由是知名"(《宋史》本传)。

三、苏东坡的诗

江城子·密州出猎

老夫聊发少年狂,左牵黄,右擎苍,锦帽貂裘,千骑卷平冈。为报倾城随太守,亲射虎,看孙郎。

酒酣胸胆尚开张,鬓微霜,又何妨!持节云中,何日遣冯唐?会挽雕弓如满月,西北望,射天狼。

词的大致意思是:

我姑且抒发一下少年人的豪情,左手牵着黄犬,右手托着苍鹰,头戴华美鲜艳的帽子,身穿貂皮做的衣服,带领大队人马像疾风一样,席卷平坦的山岗。为报答全城的百姓随行出猎的厚意,我一定要像孙权一样亲自射杀老虎给大家看看。

喝酒喝到正高兴时,我的胸怀更加开阔。即使鬓发微白,又有何妨!朝廷什么时候派人拿着符节到云中,像汉文帝派遣冯唐那样?那时我定会把弓拉得如满月形状,瞄准西北,把代表西夏的天狼星射下来。

四、晁补之的诗

再用韵和陈伯比二首 其二

筑台危可瞰坰牧,朝来小雨犹十上。

虽无峻岭有修竹,不减山阴同放浪。

青门正尔堪邵平,云中何必须魏尚。

小池更广勿近墙,畏与浊渠同溷漾。

诗的大概意思是:

修建了一处高台,高度可以看清楚周围的草地,早上虽然下了点儿小雨,也不耽误我登台十次欣赏雨景。

这里虽然不是有"崇山峻岭,茂林修竹"的山阴兰亭,却也不妨像羲之那样"或取诸怀抱,悟言一室之内;或因寄所托,放浪形骸之外",畅叙幽情。

东陵侯邵平在青门外卖瓜是最合适的,镇守云中也并不是非魏尚不可。

小水塘不要再向墙边扩大了,要是和墙边污浊的水渠通了就容易被污染了。做人要有原则有底线,洁身自好,不要同流合污。

五、苏东坡与晁补之各自抒发不同的情怀

苏轼对于《江城子·密州出猎》这首词颇为得意,他曾致书信于子骏表达这种自喜:"近却颇作小词,虽无柳七郎风味,亦自是一家,数日前猎于郊外,所获颇多。作得一阕,令东州壮士抵掌顿足而歌之,吹笛击鼓以为节,颇壮观也。"

此词用一"狂"字笼罩全篇,借以抒写一腔磊落豪放之气。接下去的四句写出猎的雄壮场面,表现了诗人威武豪迈的气概。作者以少年英主孙权自比,更是显出东坡"狂"劲和豪兴来。

"持节云中,何日遣冯唐?"这两句是说,什么时候皇帝会派人下来,就像汉文帝派遣冯唐去云中赦免魏尚的罪名(一样信任我)呢? 此时苏东坡才38岁,因反对王安石新法,自请外任。此时西北边事紧张,公元1070年,西夏大举进军环、庆二州,公元1071年占抚宁诸城。苏轼因这次打猎,小试身手,进而更想带兵征讨西夏。他借此词表示希望朝廷委以重任,到边疆抗敌。

当然,说晁补之属豪放词家,师承苏轼,只是就其主导倾向而言,实际上,晁补之全部词作中,伤春惜别、相思忆旧之传统题材的作品仍占半数之多。

晁补之诗以古体为多,七律次之,今存词160余首,风格与苏词相近,但缺乏苏词的旷达超妙。除写景、咏花、赠和、悼亡而外,还多写贬谪生涯和田园风光。有的篇章气象雄俊,追步苏轼,如《摸鱼儿·东皋寓居》《水龙吟·问春何苦匆匆》等篇,词气慷慨,笔如游龙,为后来名家所竞效。

晁词时有健句豪语,如"牙帐尘昏余剑戟,翠帷月冷虚弦索"(《满江红·次韵吊汶阳李诚之待制》),但缺乏苏词的旷达超妙,而趋于凄壮沉咽。

辽代

宁仁县与托克托

宁仁县先后归属东胜州、云内州管辖,其具体位置笔者尚未查到,但是,它确实在今天内蒙古自治区托克托县的地面上存在了100多年。

按照辽代当时的行政建制及统治机构,在呼和浩特地区有一个叫"西南面招讨司"的机构,东胜州、云内州、丰州、宁边州等均在其管辖之下。

西南面招讨司是辽朝创设的重要军政机构,也称作"西南路招讨司""西南面都招讨司"。

西南面招讨司下辖丰州天德军、云内州开远军、宁边州镇西军、东胜州武兴军等。作为辽朝西南面重要的军政建制,西南面招讨司对辽朝的河西经略具有重要的战略意义,它和西北面招讨司协同作战、相互配合,共同维护着辽朝的西部防线。

据《内蒙古通史》(第二卷)记载,云内州,辽初,以代北云朔招讨司改云内州。治今呼和浩特托克托县古城村古城。统县二:柔服县,附郭;宁仁县,今址不详。

东胜州,公元916年,太祖攻破后唐胜州(今河套地区),

迁其民出河套至河东。后西夏占领河套地区,辽在河套外置胜州,与唐胜州隔河相对,故名东胜州,治今呼和浩特市托克托县城关镇大皇城。统县二:榆林县,治今鄂尔多斯市准格尔旗东北黄河南岸十二连城,附郭;河滨县,治今鄂尔多斯市准格尔旗大路乡。

另,据有关历史资料记载,宁仁县,公元1017年置,属东胜州,治所在今内蒙古自治区托克托县境。后改属云内州,金大定后废为宁仁镇。

东胜州为什么要增设一个宁仁县呢?

当时,西南面招讨司根据当地政治、经济的发展情况,于公元1017年7月,"以西南路招讨使请,置宁仁县于胜州。"(《辽史·卷十》)此时的东胜州辖下已设有榆林、河滨二县。

而此时提出增设宁仁县,标志着西南面招讨司辖境内的社会、政治、经济有了一定的发展。

据史料记载,公元1013年以后,西南面招讨司辖境内确实出现了"民以殷富"的形势。因此,招讨使提出增建县城也是适应当时社会发展需要的。

公元1013年,西南面招讨使萧排押,为政宽裕而善断。在职期间"诸部畏爱,民以殷富"。

曾任西南面招讨使的南院大王耶律赵烈,因"均赋役,劝耕稼"取得成绩而有"富民大王"之美称。

此外,在公元1027年5月,西南面招讨司奏"阴山中产金银,请置冶,从之。"从这一条经济方面的建议我们可以看出,西南面招讨司不仅管军事,对辖境内的工业生产等经济领域的事情也是参与管理的。

公元1055—1064年,西南面招讨司全境以"治称"。显然,当地的农牧业生产、百姓日常生活都很稳定。

最后,笔者说明一点:云内州的"云内"二字原是隋代由云中避杨忠讳而来的,辽朝设云、朔招讨司未利用原云中故城。公元1055年,云、朔招讨司升为州,仍用"云内"之名定为州名,虽比东胜州建制至少晚135年,但其统辖的地域、户口都远超东胜州。

从上述资料可知,宁仁县从公元1017年设置,到公元1125年辽朝为金所灭为止,存在108年。

金 代

青镔铁与托克托

唐代诗人李白写了一首叫《暖酒》的诗,诗文如下:

热暖将来镔铁文,

暂时不动聚白云。

拨却白云见青天,

掇头里许便成仙。

这首诗里写道的镔铁是什么?

《龙龛手鉴》说,"镔,铁中最利者也。"《图书集成·食货典·铁部汇考》云:"甘肃土锭铁,色黑性坚,宜作刀剑。西蕃(指西域)出镔铁尤胜。"《宝藏论》云:"宾铁出波斯,坚利可切金玉。"《康熙字典》亦云:"镔铁所制刀器颇为锐利。"由此可见镔铁性能的优良,而这种优良的钢铁,中原是无法自产的。

公元1123—1135年,担任西南路招讨使的耶律怀义是一位治边有方的官员,经过短时间的治理,便使得云内州(州治今内蒙古自治区托克托县古城镇白塔村)、东胜州(州治今内蒙古自治区托克托县双河镇城圐圙)、丰州等地的人们"衣食岁滋,畜牧蕃息"。①

"畜牧蕃息"一句,正好说明云内州等地区的畜牧业生产有了相当的发展。而由于农业和畜牧业的发展,必然刺激手工业和商业发展。

据《金史·地理志(上)》记载,云内州生产青镔铁。青镔铁是镔铁中的一种,属于上等铁,极为精坚,可制造锐利兵器。

在中亚、西域诸国朝献的贡品中,常见镔铁器物,并与象牙、珊瑚、宝石等宝物一起朝献。

《水浒传》第三十一回写道:

母夜叉孙二娘道:"二年前,有个头陀打从这里过,吃我放翻了,把来做了几日馒头馅。却留得他一个铁界箍,一身衣服,一领皂布直裰,一条杂色短穗绦,一本度牒,一串一百单八颗人顶骨数珠,一个鲨鱼皮鞘子插着两把雪花镔铁打成的戒刀。这刀时常半夜里鸣啸得响,叔叔前番也曾看见……

后来,这两把"雪花镔铁宝刀"被孙二娘占有,三年后又转给武松。这虽然是故事,但也不难看出镔铁的精坚和珍贵。

当时,云内州的青镔铁无疑是手工生产。金代起就在今呼和浩特地区出产青镔铁,应当载入史册。

中国古代大量的诗歌中,以镔铁为喻的篇章多谈及其锋利、表面花纹等特征。

唐朝诗人元稹(公元779—831年)在《奉和浙西大夫李德

①《金史·耶律怀义传》81卷,第1826页。

裕述梦四十韵,大夫本题言》中写道:"金刚锥透玉,镔铁剑吹毛",全诗如下:

闻有池塘什,还因梦寐遭。

攀禾工类蔡,咏豆敏过曹。

庄蝶玄言秘,罗禽藻思高。

戈矛排笔阵,貔虎让文韬。

彩缋鸾凰颈,权奇骥騄髦。

神枢千里应,华衮一言褒。

李广留飞箭,王祥得佩刀。

传乘司隶马,继染翰林毫。

辨颖□超脱,词锋岂足橐。

金刚锥透玉,镔铁剑吹毛。

顾我曾陪附,思君正郁陶。

近酬新乐录,仍寄续离骚。

阿阁偏随凤,方壶共跨鳌。

借骑银杏叶,横赐锦垂萄。

冰井分珍果,金瓶贮御醪。

独辞珠有戒,廉取玉非叨。

麦纸侵红点,兰灯焰碧高。

代予言不易,承圣旨偏劳。

绕月同栖鹊,惊风比夜獒。

吏传开锁契,神撼引铃绦。

渥泽深难报,危心过自操。

犯颜诚恳恳,腾口惧忉忉。

佩宠虽缬绶，安贫尚葛袍。

宾亲多谢绝，延荐必英豪。

分阻杯盘会，闲随寺观遨。

祇园一林杏，仙洞万株桃。

瀣海沧波减，昆明劫火熬。

未陪登鹤驾，已讣堕乌号。

痛泪过江浪，冤声出海涛。

尚看恩诏湿，已梦寿宫牢。

再造承天宝，新持济巨篙。

犹怜弊簪履，重委旧旌旄。

北望心弥苦，西回首屡搔。

九霄难就日，两浙仅容舠。

暮竹寒窗影，衰杨古郡濠。

鱼虾集橘市，鹤鹳起亭皋。

朽刃休冲斗，良弓枉在弢。

早弯摧虎兕，便铸垦蓬蒿。

渔艇宜孤棹，楼船称万艘。

量材分用处，终不学滔滔。

附：

述梦诗四十韵

〔唐〕李德裕

赋命诚非薄，良时幸已遭。

君当尧舜日，官接凤凰曹。

目睇烟霄阔，心惊羽翼高。

椅梧连鹤禁，薜埦接龙韬。

我后怜词客，吾僚并隽髦。

著书同陆贾，待诏比王褒。

重价连悬璧，英词淬宝刀。

泉流初落涧，露滴更濡毫。

赤豹欣来献，彤弓喜暂櫜。

非烟含瑞气，驯雉洁霜毛。

静室便幽独，虚楼散郁陶。

花光晨艳艳，松韵晚骚骚。

画壁看飞鹤，仙图见巨鳌。

倚檐阴药树，落格蔓蒲桃。

荷静蓬池鲙，冰寒郢水醪。

荔枝来自远，卢橘赐仍叨。

麝气随兰泽，霜华入杏膏。

恩光惟觉重，携挈未为劳。

夕阅梨园骑，宵闻禁仗獒。

扇回交彩翟，雕起飐银绦。

縡待袁丝揽，书期蜀客操。

尽规常謇謇，退食尚忉忉。

龟顾垂金钮，鸾飞曳锦袍。

御沟杨柳弱，天厩骕骦豪。

屡换青春直，闲随上苑遨。

烟低行殿竹，风拆绕墙桃。

聚散俄成昔，悲愁益自熬。

每怀仙驾远,更望茂陵号。

地接三茅岭,川迎伍子涛。

花迷瓜步暗,石固蒜山牢。

兰野凝香管,梅洲动翠篙。

泉鱼惊彩妓,溪鸟避干旄。

感旧心犹绝,思归首更搔。

无聊燃蜜炬,谁复劝金舠。

岚气朝生栋,城阴夜入濠。

望烟归海峤,送雁渡江皋。

宛马嘶寒枥,吴钩在锦弢。

未能追狡兔,空觉长黄蒿。

水国逾千里,风帆过万艘。

阅川终古恨,惟见暮滔滔。

金将伯德窊哥与托克托

《金史》的《忠义传》里有一位人物，名叫伯德窊哥，他是金朝东胜州（州治今内蒙古自治区托克托县）的将领。

据《托克托县志》（1984年6月）记载："伯德窊哥，西路南人，东胜军节度使，兴定元年。"

据《金史·地理志》记载："东胜州，下、边，刺史。国初（公元1115年）置武兴军，有古城东胜城，户三千五百三十一。县一，东胜。镇一，宁化。"东胜州城建于公元916年，今天，当地人称辽代的东胜州城为小皇城。金灭辽后，东胜州城为金朝所用，后加以扩建，称东胜县，即今天的大皇城。

那么宁化镇在哪儿呢？据有关史书记载，在今内蒙古自治区托克托县后双墙村，与东胜州城互为掎角之势。宁化镇古城遗址的具体位置在后双墙村东土山梁上，真武庙壕北，李裕智烈士纪念碑西侧。宁化镇，属金代西部边界地区的军事设施。元朝之后史书再无宁化镇的记载，此城是毁是废不得而知。

《呼和浩特史料》（第六集）记载："贞祐年间（其元年为公

元1213年），蒙古汗国大兵南下伐金，节节胜利。腐朽不堪的金朝所控制的西南路诸州相继沦陷，大小官员纷纷投降，地方政权一朝瓦解。"

在大势已去的情况下，唯有"西南路咩乣奚人"伯德窊哥等仍然不屈，决心抗击到底，以向金朝尽忠。

内蒙古史学专家孟广耀先生认为："'西南路咩乣奚人'就是公元1129年迁到云内州的第一、三部奚人"。当时，云内州①、东胜州、丰州在金朝的西南路。

奚人，中国历史上的北方少数民族，全称为库莫奚族。史书说其出自东胡，乃东部宇文之别种，与契丹"异种同类"。隋唐时，奚人活动在今天的西拉木伦河②、老哈河③流域一带，奚人以游猎、畜牧为主，兼营少量农业。

唐时，奚族首领曾被册封为王，还有少数人在唐政权及地方上做过官并立有战功。唐太宗李世民为之设饶乐都护府（治所在今内蒙古自治区赤峰市）。

唐末时，有部分奚人西徙妫水（在今河北省怀来县东南），史称西奚，东部奚人先居于阴凉河（在今内蒙古自治区通辽市扎鲁特旗西北），后居琵琶川（在今辽宁省凌源市南）。

中国北方民族史研究专家林干先生在《东胡史》中讲道："奚兵总额约有六万之数，能征善战，是辽国南守燕云、东制渤海、西镇西夏的重要军事力量。"

到了金代，上面讲到的"西南路咩乣奚人"伯德窊哥等首

---

①云内州，州治今内蒙古自治区呼和浩特市托克托县古城镇白塔村。
②西拉木伦河，唐称饶乐水，辽时称潢河。
③老哈河，《新唐书》中称吐护真河，辽时称土河。

领领导的部众,就是金朝西镇西夏的重要军事力量。

公元1213—1217年,蒙古汗国大兵南下伐金,节节胜利。腐朽不堪的金朝所控制的西南路诸州相继沦陷,幸存的只有少数几座城池,包括真定、大名、东平、徐州、邳州、海州等,大小官员纷纷投降,地方政权逐步瓦解。

公元1217年,蒙古汗国大军攻破东胜州,伯德窊哥与另外两位奚族首领姚里鸦胡、姚里鸦儿招建以奚人为主的义军,坚持斗争。他们克服了重重困难,重建金朝东胜州政权。《金史》中讲道:"披荆棘复立州事"。

公元1217年,金朝廷被伯德窊哥为首的忠义军坚持斗争的行为感动,诏伯德窊哥遥授武州刺史、权节度使,姚里鸦胡同知节度使事,姚里鸦儿权节度副使,各迁官两阶。公元1219年,伯德窊哥特迁三官,遥授同知晋安府事,寻真授东胜军节度使。

伯德窊哥率领部众在东胜州城、宁化镇间与蒙古军战斗近三年时间。后来,东胜州再次被围,城中粮尽,援军又被切断,伯德窊哥等率义军苦战,突围,南走,死伤者众。

公元1219年9月,伯德窊哥战死。《金史》的修编者将伯德窊哥列入《忠义传》里。

《金史》中这样记载:"伯德窊哥,西南路咩乣奚人。壮健沉勇。""东胜被围,城中粮尽,援兵绝,窊哥率众溃围,走保长宁寨,诏各进一官,战没者赠三官。九月,复被围,窊哥死之。"

程震碑与托克托

　　程震（公元1181—1224年），字威卿，金代东胜州（今内蒙古自治区托克托县）人，与其兄程鼎同科进士及第。

　　金代科举沿袭辽宋，设词赋、经义、策试、律科、经童。又设置举宏词科，选拔特殊人才。程震进入仕途后，颇有能声。

　　公元1217年，朝廷让百官推荐县令，他被推荐为陈留（今河南省开封市东南）县令。

　　因为程震的政绩卓著，位列河南的第一名，随后升任监察御史。

　　金故少中大夫御史程君碑建于公元1263年秋，由七弟程恒建。程震碑为洛阳市级文物保护单位，现申请为省级文物保护单位。

　　金故少中大夫御史程君墓碑铭（简称程震碑）位于洛阳市偃师区缑氏镇。碑首呈漫圆形、深浮雕六龙纹饰，高1.05米；碑身高2.07米，宽1.10米，厚0.38米；赑屃座高0.60米，整碑高4.35米。

　　该碑铭的内容涉及金代东胜州多人，这里一一叙述：

一、元好问

该碑由诗人、历史学家元好问于公元1230年撰文,原载《遗山集》。

程震与元好问是儿女亲家,程震的儿子程思温娶元好问的大女儿元真为妻。元真出嫁前夕,元好问写下一首《别程女》送给元真,抒发既不舍又欣慰的复杂心情:"芸斋淅淅掩霜寒,别酒青灯语夜阑。生女便知聊寄托,中年尤觉感悲欢。松间小草栽培稳,掌上明珠弃掷难。明日缑山东畔路,野夫怀抱若为宽。"

这里说明两点:

1.元好问在《金故少中大夫御史程君碑铭》中讲道:"夫人史氏,封安定郡君,先君殁。子一人,思温,举进士。""思温"即程思温。

2.元好问在《癸巳岁寄中书耶律公书》一文中讲道:"东胜程思温及其从弟思忠",东胜即东胜州。程思温是程震之子,号河南处士;程思忠是程鼎次子,赵州儒学教授。

二、李微

据《金故少中大夫御史程君碑铭》记载:"东胜李微书丹"。李微,金代东胜州人,即今内蒙古自治区托克托县人。在金代,李微是非常著名的书法家。书丹,碑刻术语,刻石(又包括碑、摩崖、造像、墓志等类型)必须经过的三道工序(撰文、书丹、勒石)之一,指用朱砂直接将文字书写在碑石上。

三、程恒

程恒,金代东胜州人,程震的七弟。按《金故少中大夫御史程君碑铭》记载:"恒,监缑氏酒务;升,宣授招抚使。"

元好问在《金故少中大夫御史程君碑铭》的最后对程震总结评价道：

曲士卖直，见豺而栗。鄙夫嫕婉，与凫同波。犯父子之至难，孰绞讦而上蹦？横溃我障，刚瘅我诃。炼心成补天之石，夺笔为却日之戈。古有之：和臣不忠，忠臣不和。彼容容者之所得，奚后福之能多！有山维嵩，有水维河。程君之名，永世不磨。

意思是说：孤陋寡闻的人假作正直，就像羊见了狼一样没有底气；没有见识的人溜须拍马，就像鸭子一样随波逐流。有谁能不顾君王的父子之情而犯颜直谏揭露王子的罪行？世风败坏我匡正，妖魔鬼怪我斥退。锤炼心性成为补天之石，奋笔一挥成为退日之戈。古语说："随声附和不是忠臣，忠臣决不随声附和。"那些唯唯诺诺趋炎附势者，求得富贵能有多长久？再高不过嵩山，再长不过黄河。程君之名，永世不磨。

附：

金故少中大夫御史程君碑铭

河东元好问撰文

东胜李微书丹

栾城李冶题额

君讳震，字威卿，金大定二十一年（公元1181年）生于云中东胜。先世居洛阳，元魏迁两河豪右实云中三州，遂为东胜人。

　　曾大父获庆,大父总,质直尚气,乡人有讼多就决之,至于婚嫁丧葬不能给者,亦借力焉。父德元,自少日用侠闻,尝与群从分财多所推让,州里称之,后以君贵封少中大夫,雷内翰渊述世德之旧备矣。少中子七人,长曰鼎,孝友仁让,闺门肃睦,有古君子之风,以六赴廷试,赐第调濮州司候判官。次曰雷,由武弁起身,官怀远大将军行军副统。

　　君其第三子也,资严毅,虽所亲不敢以非礼犯之。幼日梦人呼为御史,故每以谏辅自期。

　　章宗(完颜璟)明昌二年(公元1191年),经童出身,补将仕佐郎。

　　泰和(公元1201—1208年)中,年及注,授临洮府司狱,忻州司候判官,以廉干,西南路招讨司奏辟提控沿边营城粮草,公元1209年,寻擢王纲榜词赋进士乙科,换偃师主簿。

　　宣宗(完颜珣)幸汴梁,入为尚书省令史。时,相知其可用,不半岁,特授南京警巡副使。秩满,例为广盈仓监支纳官。

　　兴定(公元1217—1222年)初,辟举法行,用荐者除陈留令。将之官白府尹,言:"县务不治,令自任其责,丞簿佐史辈无预焉,幸无扰之,使令得尽力。"尹诺之。既到官,事无大小,率自负荷,次官奉行而已。时,秋大旱,冬,十月乃雨,归德行枢密院发民牛运粮徐、邳。君为使者言:"吾麦乘雨将入种,牛役兴则无来岁矣。使者不能宽十日程耶?民事果集,虽乏军兴,吾不辞也。"使者怒而去。君力毕农种,粮运亦如期而办。行院仍奏君要誉小民,不以军食为急。朝廷不罪也。

　　既受代,大司农奏课,为天下第一,御史台察能吏,亦为奏首,且言可充台谏。京东总帅府奏辟经历官,不许,乃拜监察御史。君莅职，慨然有埋轮之志，即劾奏平章政事荆王（金宣宗完颜珣第二子完颜守纯）以陛下之子，任天下之重，不能上替君父，同济艰难，顾乃专恃权势，灭弃典礼，开纳货赂，妄进退官吏，从史奴隶，侵渔细民，名为和市，其实胁取。诸所不法，不可一二数。陛下不能正家，而欲正天下，难矣！书奏，宣谕御史台：程震敢言如此，他御史不当如是耶？且有旨切责荆王，出内府银偿物直，敕司马杖大奴而不法者数人。于是权贵皆为之敛手。

东方频岁饥馑，盗贼蜂起，特旨以君摄治书侍御史兼户部员外郎，运京师粮八万石赈徐、邳。君经画饷道，十里一置驿，罗弓刀以防寇夺，具斧斤以完器用，备医药以起病疾，劝助借以通留滞，辇运相仍，如出衽席之上。饥民踵来，凡所以为贷，为籴，为赈赡，计度肥瘠，无一失其当。州民请于京东帅司，愿留我程御史以福残民。帅司奏君为行部官，诏再往徐、邳。

荆王积不平，密遣诸奴诱奸民徐璋造飞语讼君于台，诸相不为奏而王独奏之。宣宗（完颜珣）颇直君，欲勿问。王执奏再三，乃从之。时太子（哀宗完颜守绪）领枢密院事，遣医药官王子玉谕旨推问官：程御史为县，治行第一，监察又称职，有罪无罪，勿为留难。已而璋伏诬告，君当还台。在律，官人与部民对讼，无罪犹解职。王风大理寺：御史言天下事，在所皆部民。竟用是罢官。

君泰然自处，都无已仕之愠，聚书深读，盖将终身焉。天不假年，以正大元年（公元1224年）三月二十有一日，春秋四十有四，终于京师嘉善里之私第，积官少中大夫。夫人史氏，封安定郡君，先君殁。子一人，思温，举进士。四弟皆补君荫：

颐,监西木场;晋,监桢州税务;恒,监缑氏酒务;升,宣授招抚使。以是年(公元1224年)十月二十有七日举君之枢,祔于金昌府芝田县官庄里少中君之新茔,礼也。

呜呼!生才为难,尽其才重为难。使君得时行道,坐于庙堂,分别贤否,其功烈可量也哉!方行万里而车折其轴,有才无命,古人所共叹。虽然,地远而位卑,身微而言轻,乃以一御史,犯强王之怒,卒使权贵落胆,缙绅增气,虽不遇而去,信眉高谈,亦可以无愧天下矣,尚何恨耶!乃为之铭曰:曲士卖直,见豺而栗。鄙夫婥婗,与凫同波。犯父子之至难,孰绞讦而上觕?横溃我障,刚瘅我诃。炼心成补天之石,夺笔为却日之戈。古有之:和臣不忠,忠臣不和。彼容容者之所得,奚后福之能多!有山维嵩,有水维河。程君之名,永世不磨。

中统四年岁次癸亥(公元1263年)秋七月己卯朔弟恒建

据北京大学教授杜若明释义:《金故少中大夫御史程君碑铭》中,原文"夺"(夺)应为"奋"的繁体字"奮",应该是误释。

寺庙与托克托

在辽代,以丰州、云内州、东胜州等西南地区的佛教中心地位已经形成,万部华严经塔和宣教寺的修建就是最有力的证据。后来,西三州佛教中心的这一地位,也就被金朝继承下来。

正因如此,金世宗才不惜重金,大规模地重修万部华严塔和宣教寺,继续保持香烟缭绕、钟磬声声不断的佛教盛状。

金世宗完颜雍本有向佛之心,他写的词中也有禅意。下面一首具有代表性:

减字木兰花·赐玄悟玉禅师

但能了净,万法因缘何足问。日月无为①,十二时中更勿疑。

常须自在,识取从来无挂碍。佛佛心心,佛若休心也是尘。

---

①日月无为,这里的无为不是道家的无为,日月无为是对不生不灭的一种理解。

一、云内州的寺庙

在金代,云内州管辖柔服,云川(原名曷董馆,后升为裕民县)二县,宁仁一镇。州治沿袭了辽代建制,仍在柔服县(今内蒙古自治区托克托县古城镇白塔村)。

金代,云内州的西部边界已经到达今天的乌梁素海,并且将辽代天德军的地盘也全部管辖在内了,面积比辽代时增加许多,西部与夏国为邻,其余相邻之地与辽代时基本一致。

辖境包括了今天内蒙古的固阳县、土右旗、土左旗一带。这里另外讲一点:云内州的云川县将青冢(今内蒙古自治区呼和浩特昭君墓)也包括在内了。

佛教思想不仅影响丰州,当时在云内州也很有"市场"。白塔《题记》216条:"云内天宫院僧德教为记□(该字不清)"。其中德教是僧人法号,天宫院是云内州的寺庙。《题记》217条:"云内天宫院僧德明□"。德明系该僧法号,他也是天宫院的和尚。《题记》308条:"云内州城荐福寺,僧德裡三月到此。"德裡是法号,荐福寺也是云内州的寺院。

由以上三条《题记》可知,云内州至少有天宫院和荐福寺两座寺庙,这两座寺庙的三名和尚德教、德明和德裡是师兄弟,因为第一字都是"德",天宫院和荐福寺也必然有密切的关系。

二、东胜州的寺庙

东胜州,辽置,治今内蒙古自治区托克托县,属西京道,辖境约当今内蒙古自治区托克托县大部及准格尔旗东北部。金设东胜县为州治,辖境缩小,仅有今托克托县境,属西京路。

金灭辽后,东胜州城一度废弃。恢复后的东胜州城控制在金朝的势力范围内,州制未变,沿用东胜州之名。

据史料记载,金朝的东胜州城,因其战略位置重要,故不断加强防务,不仅增加了兵力,同时增加了人口,原来的州城已不能满足需要,便在城东南加筑了一座子城,但规模较小。子城内发现金代建筑基址,地表散落着金代建筑构件。

元代,耶律楚材路过东胜州(今内蒙古自治区托克托县),看到金代的大荒城、黄河和古寺时,非常感慨,写下了两首诗。

耶律楚材在诗的序言中写道"过东胜用先君文献公韵上",意思是"路过东胜州时,我用已故的父亲文献公的诗韵进诗一首。"这首诗如下:

过东胜用先君文献公韵

其一

荒城萧洒枕长河①,古字碑文半灭磨。

青冢②路遥人去少,黑山③寒重雁来多。

正愁晓雪冰生砚,不忿西风叶坠柯。

偶忆先君旧游处,潸然不奈此情何。

其二

依然千里旧山河,事改时移随变磨。

---

①长河:黄河。

②青冢:昭君墓。

③黑山:阴山;无何:即无何有之乡,成语,出自《庄子·逍遥游》。其释义指空无所在的地方;多用以指空洞而虚幻的境界或梦境,也用于逍遥自得的状态。

巢许家风乌可少，萧曹勋业未为多。

可伤陵变须耕海，不待棋终已烂柯。

翻手荣枯成底事，不如归去入无何。

　　这首诗中，"古字碑文半灭磨"一句说明：当年金代的东胜州城有碑文。

　　同时，从这首诗中可知，金末元初时东胜州城已被称为"荒城"。

　　耶律楚材尽管倡导"三教合一"。但就耶律楚材本人而言，更偏爱佛教。在思想倾向上，耶律楚材仍然主张以佛教为本的三教合一，即以佛教兼容儒道。他有一个很著名的口号，叫作"以儒治国，以佛治心"。

奚族与托克托

宋朝苏辙在《栾城集》卷十六《奚君宅诗》中，也描述过他出使辽国时在奚族地区的见闻，诗曰：

奉使契丹二十八首其十一奚君

奚君五亩宅，封户一成田。

故垒开都邑，遗民杂汉编。

不知臣仆贱，漫喜杀生权。

燕俗嗟犹在，婚姻未许连。

到了金代，东胜州、云内州、丰州纳入金朝版图不久，金太宗完颜吴乞买（又名完颜晟，完颜阿骨打的弟弟）便于公元1129年将奚族中的第一、第三两部从辽南、蓟北迁到云内州（州治今内蒙古自治区托克托县古城镇白塔村），奚人便又成为金朝"西镇西夏的重要军事力量"了。

于是乎，呼和浩特地区有了奚族。也许，今天土默川平原上也有奚族人的后代。

在史书中,对这支迁到云内州的奚人记载甚少,直到金朝末年,在激烈的蒙金战争中才见到点滴记载。

公元1213—1217年,蒙古汗国大兵南下伐金,节节胜利。腐朽不堪的金朝所控制的西南路诸州相继沦陷,幸存的只有少数几座城池,包括真定、大名、东平、徐州、邳州、海州等,大小官员纷纷投降,地方政权一朝瓦解。

在大势已去的情况下,唯有"西南路咩乣奚人"伯德宨哥等仍然不屈,决心抗击到底,以向金朝尽忠。

公元1217年,蒙古汗国大军攻破东胜州(州治今内蒙古自治区托克托县大荒城),伯德宨哥与另外两位奚族首领姚里鸦胡、姚里鸦儿招建以奚人为主的义军,坚持斗争。他们克服了重重困难,重建金朝东胜州政权。

金朝廷被伯德宨哥为首的忠义军坚持斗争的行为所感动,特迁宨哥三官,遥授同知晋安府事,真授东胜军节度使。姚里鸦胡、姚里鸦儿分别授同知武州节度使事,权武州节度副使。

不久,东胜州再次被围,城中粮尽,援军又被切断,宨哥等率义军苦战,突围,南走,死伤者众。

公元1219年9月,宨哥战死。《金史》的修编者将伯德宨哥列入《忠义传》里。

从上面的史实可以看出,《金史·地理志》记载的奚族第一、三部,也就是《辽史》《金史》中伯德[1]、遥(姚)里[2]两个部的不同称呼。

---

[1] 伯德,原为奚族的一部,金代该部的某些人便以此为姓,宨哥是其名。

[2] 姚里,即遥里,是也奚族一部的名称,该部的某些人就以此为姓,鸦胡、鸦儿是其名。

公元1129年从辽南、蓟北迁到云内州的伯德、遥（姚）里二部奚人并非全部，而是二部中的各一部分。

金朝的奚人为什么会迁到云内州呢？情况大致是这样的：公元1122年正月，金兵攻陷中京（今内蒙古自治区宁城县西南大明城），天祚帝逃往夹山（今内蒙古自治区土默特左旗西北）。其时，回离保（一名萧干）任奚六部大王兼知东路兵马事。他乘辽兵失利和辽朝危在旦夕之际，率吏民拥立辽秦晋国王耶律淳为帝，被署为知北院枢密事，兼诸军都统，掌握了辽军的全部实权。

不久耶律淳死，回离保主张回他的老根据地奚王府，而辽宗室耶律大石①主张前往夹山投奔天祚帝。结果耶律大石西走，回离保率奚、汉、渤海兵北上。

公元1123年正月，回离保在箭笴山（今河北省秦皇岛市东北、旧临榆县西北）自立，号"奚国皇帝"，改元"天复"，设奚、汉、渤海三枢密院，改东、西两节度使为二王，分司建官。不久，五月兵败，被部将所杀，自立仅五月。

后来，奚族各部以次投降金朝，金朝统治者对骁勇善战的奚人采取既利用又防范的政策。在此之前数十万奚人集居在西拉木伦河、老哈河流域，这里是他们世代居住的地区。过于集中在这一地区，易于形成抗金的统一力量，不利于金朝统治，故"分而治之"。当时金对西夏存有戒心，西南地区正需要加强守卫和防御，在这种情况下，奚族的第一、第三两部也就被强迁到云内州。

---

①耶律大石，耶律阿保机八世孙，西辽开国皇帝。

奚族在辽代就以农牧业为主,个别奚人还兼营射猎,金朝迁到云内州的奚人基本上仍然保留这种方式。

程思温与托克托

程思温,字端甫,金末进士,号河南处士,金代东胜州(今内蒙古自治区托克托县)人。金代监察御史程震之子,元好问的大女婿,夫人元真。

元真出嫁时,程思温已"举进士",所以,元真嫁给程家,用元好问的话来说,是"虽然适贵门,一味甘俭薄。"他在《示程孙四首(其二)》中这样表述道:

> 吾女在吾家,先以安卑弱。
>
> 虽然适贵门,一味甘俭薄。
>
> 财廉出仁让,语省见端悫。
>
> 妇道化一州,母女皆愿学。
>
> 州人闻我至,相与喜且愕。
>
> 谓我六十翁,齿发未衰落。
>
> 击鲜日为具,和气动城郭。
>
> 为说婿女贤,宅相知有托。
>
> 乃公私有贺,一月醉杯杓。

生女四十年，今有为父乐。

在上述诗中，元好问借他人之口称赞"婿女贤"。

在乱亡之际，元好问将程思温及其堂弟程思忠当成"天民之秀"推荐给耶律楚材。元真婚后生活稳定，丈夫程思温相当优秀，深得元好问的喜欢。

虞集（1272年3月21日至1348年6月20日），字伯生，号道园，世称邵庵先生。元朝官员、学者、诗人。

虞集在《道园学古录一则》中这样写道：

《题程氏遗子、元氏送女二诗》云：古君子将终，则有启手足之言，非直示以神明不衰，固以垂教也。嫁女必有命嫁之词，非直情爱之钟，固以谨礼也。河南侍御程公遗其子处士君之遗训，遗山先生送其女归处士之嘉言，盖古道也。处士君夫人上承两家大人之传，以施诸子孙，宜其文献渊懿之不可及也。

从虞集的《题程氏遗子、元氏送女二诗》称程思温为"处士"中可见，程思温在金亡后没有出仕。

尽管如此，元好问对程思温非常满意，在《为程孙仲卿作》中称赞程震"御史风节海内闻"，称赞包括程思温在内的程家子弟"诸郎楚楚皆玉立，王谢定自超人群"，"玉立"说明相貌堂堂。

程思温与元真有两个儿子——程直和程简。公元1248年，元好问在接到外孙多封问安书信之后，自太原去南宫看望

6年未见的女儿一家,他看到的两个外孙如同玉树芝兰:"直孙年志学,玉立无纤瑕。简孙甫胜衣,芳兰出其芽。"

临别时,元好问表示明年会再来看望他们:"玉雪念吾孙,未觉千里隔。乘兴径一来,舅婿当速客。"他在《示程孙四首(其四)》中这样表述道:

> 会聚乐不赀,言别凄以恻。
>
> 风云动老怀,车马见行色。
>
> 明年吾六十,家事断关白。
>
> 唯当近酒盏,亦复抛书册。
>
> 提携两童子,款段或下泽。
>
> 玉雪念吾孙,未觉千里隔。
>
> 乘兴径一来,舅婿当速客。

后来,程思温的儿子程子充步入仕途,有所成就。程子充曾任尚书郎、转运副使、少监。赵孟頫在《送程子充运副之杭州》中跟他谈为官之道,特别告诫他管理好食盐买卖,期待他"谈笑尊俎间,佳声满江左"。

赵孟頫,元湖州人,字子昂,号松雪道人。世祖征入朝,授兵部郎中,迁集贤直学士。有《松雪斋文集》等著作传世。他在《送程子充运副之杭州》中这样写道:

> 盐为生民食,日用犹水火。
>
> 虽非饥所急,一日无不可。
>
> 但令商贾便,那复愁国课。

数年人坏法,贪欲肆偏颇。

利多归私室,民始受盐祸。

尔来又计口,强致及包裹。

摧酤穷滴沥,征商剧遮逻。

东南民力竭,此事非细琐。

朝家更政化,选择堪负荷。

君为尚书郎,精白色瑳瑳。

明当戒行李,往理吴越堶。

祝君无别语,编户要安妥。

湖山多胜处,亦可供宴坐。

谈笑尊俎间,佳声满江左。

东胜州人程思温虽然没有当过官,但他的人生还是比较幸福的。

元 代

马可·波罗与托克托

《马可·波罗游记》也叫《东方见闻录》《马可·波罗行记》《寰宇记》。马可·波罗是第一个游历中国及亚洲各国的意大利旅行家。他依据在中国17年的见闻,讲述了令西方世界震惊的一个美丽的国度。这部游记有"世界一大奇书"之称,是人类史上西方人感知东方的第一部著作,它向整个欧洲打开了神秘的东方之门。

从这部书中可知,马可·波罗是经和阗、凉州(今甘肃省武威)、西夏故地、东胜州(今内蒙古自治区托克托县)来到上都(今内蒙古自治区正蓝旗)的。

这里需要说明一下:马可·波罗在书中讲到的"天德城",就是东胜州城(今内蒙古自治区托克托县的大荒城),因为当时东胜州城的守卫部队是元朝的汪古部众。

当时,纳邻、帖里干、木怜是元朝北方最重要的三条陆路长途驿道,纳邻驿是蒙古军人应役、专备西北军情急务的军用驿路,东胜州作为纳邻驿起点,是元代的军事重镇。

根据元代科学家郭守敬的科学论证,忽必烈于公元1267

年7月,降旨自中兴路(今宁夏回族自治区银川市)至东胜州(州治今内蒙古自治区托克托县),设立了10处水上驿站。此段漕运的开辟和水上驿站的设立,便利了西夏故地粮食外运。尤其是设在东胜州的(州治今内蒙古自治区托克托县)3个水上驿站极大地改善了西夏故地与元上都、元大都的交通状况,加强了西夏故地与元朝中央的联系。

由上可见,东胜州的地理位置既处上都或大都(今北京)与唐古特、畏兀儿、西北诸兀鲁思交通要道,又便于汪古部随蒙古军南下伐金攻宋。

由于东胜州便利的水陆地理交通优势,故使其在军事和经济上都具有极其重要的战略地位,因而汪古部领主①将其牙帐由"按打堡子"②南迁至东胜州。

但中外学者对马可·波罗在《马可·波罗游记》中所讲的"天德城"的具体位置一直存在争议,一部分人认为是在东胜州城,而另一部分人则认为是在丰州城。

亨利·玉尔、杨志玖、盖山林等许多中外学者根据元代改"天德军"为丰州之事径以为"天德城"为丰州。

亨利·考狄埃根据柔克义、张诚对托克托及河口(今内蒙古自治区托克托县南)的实地考察,修订了英国东方学家、历史地理学家亨利·玉尔的观点,赞同"天德城"为东胜州之说。

伯希和先生对《寰宇记》中"天德城"的词源、地望、相关史实以及马可·波罗自额里合牙至天德城所行之路做了精辟论

---

①《元典章》记载,汪古部领主的食邑有井砂、集宁、净州、按打堡子。
②按打堡子:汪古部首领阿剌兀思别吉忽里,因与成吉思汗结为"按达忽答"(蒙古语"兄弟亲家"之意),故其所居之城即被称作"按打堡子"。

述:天德城一词源自天德军,天德城必为东胜州,马可·波罗自宁夏经榆林直达东胜州,陆路驿道穿越河套。

保罗·伯希和是世界著名的法国汉学家、探险家,曾就学于巴黎大学,主修英语,后入法国汉学中心学习汉语,继入法国国立东方语言学校,专攻东方各国语文历史。伯希和花费了很多时间为《马可·波罗游记》作了大量的注释。

另据《托克托史事丛谈》(王培义著)记载:"公元1272年马可·波罗取道凉州,前往上都朝拜忽必烈,他穿过鄂尔多斯,由东胜州河口过河,沿南山取直线进入凉城岱海滩再到上都。"(见《呼和浩特史料》第3集)

《呼和浩特史料》第4集上刊登的《丰州滩的盛衰经过》(作者:姚北虹)一文这样描述道:"马可·波罗于公元1272年从凉州(甘肃武威)前往元上都(内蒙古自治区锡林郭勒盟正蓝旗境内)朝拜忽必烈时,好多史学家判断他是穿过鄂尔多斯高原,经他所说的天德州(即丰州滩)东行,由现今托克托县河口镇附近(胡滩和硕)过河,沿南山取直线进入现今凉城县的大海滩,故行记中没有丰州城的记录。虽然是走马观花地看了看丰州滩的南部边缘,但无荒凉冷落的印象。"

马可·波罗在书中讲道:"州人并用驼毛制毡甚多,各色皆有。""并恃畜牧农为生,亦微做工商。""治此州者是基督教徒(指汪古部人,信仰基督教聂思脱里派,即景教),然亦有偶像教徒(指信仰佛教的人)及回教徒不少"。这些记载说明,忽必烈的驸马阔里吉思治下的丰州滩是一个农牧工商并存、宗教信仰自由的地方。

也许读者还是要问,马可·波罗真的到过东胜州吗?笔者借用中国近现代历史学家、国学大师钱穆的一句话来回答：我宁愿相信他真的到过东胜州城，因为我对马可·波罗怀有一种温情的敬意。

脱脱与托克托

脱脱（公元 1314 年至公元 1356 年 1 月 10 日），亦作托克托、脱脱帖木儿，蔑里乞氏，字大用，蔑儿乞人，元朝末年政治家、军事家，中书右丞相。

宋濂在其主修的《元史》中写道："脱脱仪状雄伟，颀然出于千百人中，而器宏识远，莫测其蕴。功施社稷而不伐，位极人臣而不骄，轻货财，远声色，好贤礼士，皆出于天性。至于事君之际，始终不失臣节，虽古之有道大臣，何以过之。"

柯劭忞在其独立编著的《新元史》中写道："脱脱仪度雄伟，器宇闳深，不矜不伐，轻财好士，功在社稷，而始终不失臣节，有古大臣之风。"

《元史》《新元史》都讲道：脱脱是一个轻货财，远声色，好贤礼士，功在社稷的贤相。不同的是《元史》里讲道：脱脱是"器宏识远，莫测其蕴"；而《新元史》里讲道：脱脱是"器宇闳深，不矜不伐"。

前者的意思是器宇轩昂，不骄不躁，强调外在的气质；后者的讲的是格局，意思是见高识远，气魄不凡，让人看不到底，强调内在的气质。

公元1347年，脱脱与父亲马札儿台西出京师，在大队人马的保护下，经张家口、大同到达东胜州休息几日。

由于脱脱任元朝中书右丞相期间的威望，众人耳闻目睹，于是得到了汉族官僚的拥戴，沿途官僚纷纷献贡，但这些均被脱脱谢绝了。

当脱脱来到东胜州城的时候，看到了夏季的黄河水正从东胜州城的西墙下流过。望着这滚滚的黄河流水，优美的自然环境，朴实的人文景观，联想到自蒙古汗国以来，到过东胜州的成吉思汗的儿子术赤、察哈台、窝阔台，公元1258年巡幸东胜州的元宪宗蒙哥，以及到过东胜州的中书令耶律楚材、科学家郭守敬、意大利人马可·波罗等等，脱脱不由得叹惜自己来得太晚了。因此，这里的一切给脱脱和父亲马札儿台留下了深刻的印象。

几天后，脱脱与父亲及随行人马从东胜州西渡黄河继续行进。公元1347年7月，脱脱与马札儿台到达甘肃，不久抵西宁。11月，马札儿台病逝。

自从脱脱离开京城后，元顺帝整日闷闷不乐，无精打采，愈感到脱脱乃"人才难得"。于是，没过多久元顺帝又急下诏书，传令脱脱火速回京。

脱脱接旨后，立即启程，并决意从原路返京城。他率随行侍从马不停蹄，日夜兼程，不久便到达东胜州。

几个月前在这里的一桩桩往事，脱脱记忆犹新。此时，北疆已到了隆冬季节，草枯河封，但脱脱在东胜州访贫问苦，了解民情，沿黄河巡视，决心要治理黄河。

脱脱复职后，多次召集群臣商议治理黄河之事。

黄河水患历来困扰着各朝各代的当政者。元顺帝时，黄河"北侵安山，沦入运河，延袤济南、河间，将隳两漕司盐场，实妨国计"。[①]

早在公元1348年2月，元廷于济宁郓城立行都水监，命贾鲁为行都水监使，专治河患。目的是保证运河通航，保护山东、河北沿海地区的盐场不被黄河冲毁，缓和黄泛区民众的反抗。

贾鲁经过实地考察、测量地形、绘制地图，掌握了河患的要害所在，向朝廷呈交了亲手绘制而成的治河图形，并提出两种治河方案：其一是在黄河新河道北岸修筑防堤，限制决河横流，这样省工省钱，工程量小，是一套比较保守的方案；其二是堵塞决口，同时疏浚下游河道，疏塞并举，引黄河东行，挽河回故道，彻底治理黄河，这是事半功倍的做法。但他的治河方案并没有引起元顺帝的足够重视，方案没有得到批准。[②]

公元1349年5月，黄河再次发生决口，安山、济南、河间一线都受到严重破坏，还毁坏了两漕司盐场，京杭大运河遭到严重威胁。迫于无奈，元顺帝再次将治理黄河之事提上议事日程。此时，脱脱受命召集群臣讨论治河之策。贾鲁以都漕运使身份再次提出自己的治河主张，并进一步强调"疏南河，塞北河，修复故道。这个大工程，不能再拖了，再拖危害

---

①《元史·贾鲁传》，大有掐断元王朝经济命脉之势。运河中断将危及大都粮食和生活必需品的供应；水浸河间、山东两运司所属盐场，将会使元廷财政收入急遽减少。

②《元史·贾鲁传》提出的二策为"其一，议修筑北堤，以制横溃，则用工省；其二，议疏塞并举，挽河东行，使复故道，其功数倍。"

不断"。①

　　大臣们议论了很久，结果还是各执己见，没有统一思想。在这种情况下，脱脱当机立断，取其后策；并不顾工部尚书成遵等抗争，坚定地对众大臣说："遇到难事，犹豫着事情有多难，而选择逃避，不去做。这不是为臣的行为。现在，国家遇到的最大难题，是黄河泛滥带来的饥民、流民问题，不治黄河，就不能从根本上解决这个问题。"他鼓励大家说："自古以来，黄河水患就像一个难治的疾病一样困扰着人们，今天我们要正视它，一定要治好黄河水患！"②

　　公元1351年农历四月初四，元顺帝正式批准治河，任命贾鲁为工部尚书、总治河防使。征集汴梁、大名13路民工15万人，庐州（今安徽省合肥市）等地戍军18翼2万人参加治河工程。

　　农历四月二十二日开工，七月完成疏凿工程，八月二十九日放水入故道，九月舟楫通行，并开始堵口工程，十一月十一日，木土工毕，诸埽堵堤建成。整个工程计190天。贾鲁按照他的疏塞并举、先疏后塞的方案，成功地完成了治河工程。

　　据清代《大同府志》记载："元丞相脱脱墓，府东百二十里大王村，有碑记，大同李氏，其后也。"

---

① 《元史·成遵传》里讲道"必疏南河，塞北河，修复故道。役不大兴，害不能已"。
② 《元史·脱脱传》讲道"事有难为，犹疾有难治，自古河患即难治之疾也，今我必欲去其疾！"

元好问、耶律楚材与托克托

笔者在《耶律楚材与托克托》和《元好问与托克托》中讲道：在元朝为官的耶律楚材曾多次到过今天的托克托这片土地，而在金朝为官的元好问也对这片土地有着深厚的感情。但据笔者了解，同岁的耶律楚材与元好问还有一段不解之缘。

根据耶律楚材的年谱记载："公元1233年正月，金汴京守将归降蒙古。因楚材奏请，免于屠城。农历四月，著名士人元好问于北上途中作《癸巳岁寄中书耶律公书》，呼吁保护中原儒士。"

公元1233年4月，蒙古军占领金都汴梁，金亡已成定局。当时，作为金朝官员的文学家元好问，向蒙古汗国中书令耶律楚材上《癸巳岁寄中书耶律公书》，请求举荐、保护54位原金朝的文人儒士。

元好问是金代后期的重要文人，处于士人交往的中心位置。他当时在恐惧、痛苦、孤寂之中写下了《四哀诗》，其中写道："同甲四人三横殒，此身虽在亦堪惊。"[①]该诗真实地道出了

[①]《中州集》卷九，诗中"三横殒"指冀京父、李长源、王仲泽。

他看到好友纷纷离去时的心里感受，担心更多的士人在战争中丧生。

在死亡的震撼中，元好问跨越了仕与隐的"小我"的矛盾痛苦，开始为士人群体的安危和人类文明成果的存亡而担忧。于是，他置自己的名节于不顾，求助蒙古汗国中书令耶律楚材。他在《癸巳岁寄中书耶律公书》中这样写道：

他日阁下求百执事之人，随左右而取之，衣冠礼乐，纪纲文章，尽在于是，将不能少助阁下萧、曹、丙、魏、房、杜、姚、宋之功乎？假而不为世用，此诸人者，可以立言，可以立节，不能泯泯默默、以与草木同腐。其所以报阁下终始生成之赐者，宜如何哉？阁下主盟吾道，且乐得贤才而教育之。一言之利，一引手之劳，宜不为诸生惜也。

意思是说：您以后要是需要各个方面的人才，您从他们里面随意选用，举凡朝廷的各种典章制度、法律法规、文化教育、文学艺术都在这些人里面了，他们难道就不能辅佐您成就像萧何、曹参、丙吉、魏相、房玄龄、杜如晦、姚崇、宋璟那样的功业吗？即使这些人不能为世所用，他们也可以著书立说，也可以坚守高尚的道德情操，成为世人的楷模，不会一生默默无闻，与草木同朽。而如果能有机会让他们施展才干以报答您扶植栽培之恩，那又会怎样呢？您现在主持国家的文教大事，以得天下之英才而教育之为乐，说一句话，伸一伸手就能办到的事，应该不会为这些人吝惜的。

这里，元好问请求耶律楚材保护一众饱学之士，使他们能发挥各自的才能,为新朝建功立业。

在这封书信中我们可以看到,元好问求助的语气是那样的谨小慎微,这对于一个心高气傲的名士而言,需要忍受多么大的内心痛苦啊!关于元好问的这封书信的历史意义,已有学者充分论述。

在初次上书石沉大海后,他又一连上书两次,希望保护中原人才。耶律楚材终于被感动,同意了元好问的提议,也确实尽自己所能,为士大夫们提供了保护并予以任用。

公元1234年金亡后,元好问被元军俘虏,成为囚犯,羁押数年。公元1239年,他终于获得了自由,回到了阔别20余载的故乡(今山西省忻州市),一直到公元1257年去世。

这里说明一点:公元1239年秋,由于元好问诗文名气颇大,耶律楚材倾心接纳他,可50岁的元好问已无意出仕为官,其年重回家乡隐居,并交友游历,潜心编纂著述。

"问世间情为何物,直教生死相许。"这或许是最广为人知的词句之一。它被世人传颂,被小说引用,被谱写成歌曲。发出这千古一问的,是金元之际的文学家元好问,而同时,这词句也是元好问自己真性情的最直接表达。

王国维在《耶律文正公年谱余记》中说:"遗山之书,诚仁人之用心。是知论人者不可不论其世也。"王国维所谓"仁人之用心",亦即范仲淹在《岳阳楼记》中所求之"古仁人之心":"不以物喜,不以己悲""先天下之忧而忧,后天下之乐而乐"。

据历史学家姚从吾先生考证,元好问向耶律楚材推荐的54位饱学之士中,参加新朝建设者有12人,协助忽必烈建立元朝,并参与安定中原与统一全国者23人,未仕元朝而在文治方面做出贡献的学者10人。以上3类共45人，占元好问推荐总数的83.3%。这数十位文化精英合力推进了元朝的文明化。

寄中书耶律公书

四月二十有二日，门下士太原元某，谨斋沐献书中书相公阁下。

《易》有之：天造草昧，君子以经纶。伏惟合下辅佐王室，奄有四方，当天造草昧之时，极君子经纶之道。凡所以经造功业，考定制度者，本末次第宜有成策，非门下贱士所敢与闻。独有事系斯文为甚重，故不得不为阁下言之。自汉、唐以来，言良相者，在汉则有萧、曹、丙、魏，在唐则有房、杜、姚、宋。数公者固有致太平之功，而当时百执事之人，毗助赞益者，亦不为不多。传记具在，盖可考也。夫天下大器，非一人之力可举；而国家所以成就人材者，亦非一日之事也。从古以来，士之有立于世，必藉学校教育、父兄渊源、师交之讲习，三者备而后可。喻如修明堂，总章必得楩楠豫章、节目磈砢、万牛挽致之材，豫为储蓄数十年之间，乃能备一旦之用。非若起寻丈之屋，樽栌梲楔、榲柣薨桷，杂出于榆柳槐柏，可以朝求而暮足也。

窃见南中大夫士归河朔者，在所有之。圣者之后如衍圣孔公；耆旧如冯内翰叔献、梁都运斗南、高户部唐卿、王延州从之；时辈如平阳王状元纲，东明王状元鹗、滨人王贲、临淄人李浩、秦人张徽、杨焕然、李庭训、河中李献卿、武安乐夔、固安李天翼、沛县刘汝翼、齐人谢良弼、郑人吕大鹏、山西魏璠、泽人李恒简、李禹翼、燕人张圣俞、太原张纬、李谦、冀致君、张耀卿、高鸣、孟津李蔚、真定李冶、相人胡德圭、易州敬铉、云中李微、中山杨果、东平李彦、西华李世隆、济阳张辅之、燕人曹居一、王铸、浑源刘祁及其弟郁、李同、平定贾庭扬、杨恕、济南杜仁杰、洺水张仲经、虞乡麻革、东明商挺、渔阳赵著、平阳赵维道、汝南杨鸿、河中张肃、河朔句龙瀛、东胜程思温及其从弟思忠。

凡此诸人，虽其学业操行参差不齐，要之皆天民之秀，存用于世者也。百年以来，教育讲习非不至，而其所成就者无几。丧乱以来，三四十人而止矣。夫生之难，成之又难，乃今不死于兵，不死于寒饿，造物者挈而授之维新之朝，其亦有意乎？无意乎？诚以阁下之力，使脱指使之辱，息奔走之役；聚养之、分处之；学馆之奉不必尽具，馔粥足以糊口，布絮足以蔽体，无甚大费。然施之诸家，固已骨而肉之矣。他日阁下求百执事之人，随左右而取之：衣冠礼乐，纪纲文章，尽在于是。将不能少助阁下萧、曹、丙、魏、房、杜、姚、宋之功乎？假而不为世用，此诸人者，可以立言，可以立节，不能泯泯默默、以与草木同腐。其所以报阁下终始生成之赐者，宜如何哉？阁下主盟吾道，且乐得贤才而教育之。一言之利，一引手之劳，宜不为诸生惜也。冒渎台严，不胜惶恐之至。某再拜。

在这里，笔者对"东胜程思温及其从弟思忠"说明如下：

元好问在《癸巳岁寄中书耶律公书》中讲到的54位饱学之士中有："东胜程思温及其从弟思忠"。这里的"东胜"指东胜州，即今内蒙古自治区托克托县。程思温是程震的儿子。

程震（公元1181—1224年），精明能干，刚正爱民，不畏权贵。元好问非常敬佩他，至于与他是否有所交往，不见记载，但在为他撰写的《御史程君墓表》中充满了尊重之情。

宁边州与托克托

辽代置宁边州,下不领县,治唐隆镇,治所在今内蒙古自治区清水河县西南窑沟乡下城湾古城。清水河县地处黄河中上游,历史悠久,早在新石器时代这里已有人类繁衍生息。

金初又在此置镇西军,公元1158年,宁边州又置宁边县为州治,后升为防御州,辖境相当今清水河县地。

据《清水河县志》记载,古城的北城墙长243米,东城墙长300米,南城墙长162米,西城墙沿着黄河走向是百余米长的断壁,略呈圆弧形,城址总体呈长方形。城内地势由西南向东北逐渐增高,现城内建筑遗迹已难辨认。全城地势高于四周地势,登临城墙居高临下可以清晰地瞭望到黄河对岸及城周围的一切。

公元1336年,废宁边州,以其地之北半入东胜州,南半入武州,至此结束了宁边州长达百余年的兴盛。

东胜州,辽置,治今内蒙古自治区托克托县,辖境相当于今托克托县及准格尔旗东北部,属西京道。金辖境缩小,仅相当于今托克托县境,属西京路。元属大同路。

据《内蒙古通史》(第二卷303页)记载:"东胜州,金初归属西夏,后攻取之。大蒙古国时期,为蒙古军攻金,平宋,征大理时的黄河要冲。公元1336年,省宁边州的一半入归。旧有东胜县及录事司,公元1338年省并入州。城址在今托克托城西的大皇城,其东红城屯田所,即今和林格尔县的大红城乡的小红城古城。"

从上述历史事件来看,今天许多清水河人和托克托人应该算一个地方的人,是乡亲。

那么,当时的宁边州的北半部分具体指哪部分呢?在史料中没有找到确切的地理位置。但从谭其骧主编的《中国历史地图集》(宋、辽、金时期)来看,笔者判断应以其境内的长城为界,长城以北部分划归东胜州,大致是今天清水河县的喇嘛湾镇、宏河镇等;长城以南部分划归武州。

讲到宁边州的历史时,我们还应该了解一下它的前身。据《水经注》《绥远通志稿》《清水河县志》等文献记载,宁边州城址最早是汉代定襄郡①骆县故城。北魏时期称太洛城(亦称太罗城)。到了辽代,唐隆城是镇守黄河通道的军事城堡,亦是经济重镇。

唐隆城缘起唐代府州折氏设置的唐龙镇,为其所领缘河五镇(紫河镇、唐龙镇、府谷镇等)之一。陈桥兵变(公元960年)以后,唐龙镇当随折氏并归于宋。

据北宋曾公亮和丁度创作的《武经总要》前集卷十九"西蕃地理"条下明载:"唐龙镇,在胜州之境,地形险峻。"古胜州

---

①西汉初年从云中郡划出部分县域,另设为定襄郡。

位于今内蒙古自治区托克托县西南。

西夏和辽朝先后涉入唐龙镇，公元1049年，辽军夺占唐龙镇，在河东新置宁边州，又称唐隆镇，辖唐龙镇故地，将原唐龙镇地区的居民迁来，设立镇西军驻守，州治所即今内蒙古自治区清水河县下城湾村。

公元1125年，金灭辽，占领宁边州，袭辽制，设宁边刺史州和镇西军，金派往宁边州的官员都是金政权的嫡系和重臣，金代著名诗人赵秉文就曾出任宁边州刺史，可见金对这一地域的重视。

赵秉文（公元1159—1232年），金朝诗人，字周臣，号"闲闲老人"，磁州滏阳（今河北省磁县）人。公元1185年登进士第，公元1217年拜礼部尚书，兼侍读学士，兼修国史、知集贤院事。

赵秉文"历五朝，官六卿"，朝廷中的诏书、册文、表以及与宋、夏两国的国书等多出其手。公元1202年10月出任为宁边州刺史。下面附其词作一首：

大江东去·用东坡先生韵

秋光一片，问苍苍桂影，其中何物？

一叶扁舟波万顷，四顾粘天无壁。

叩枻长歌，嫦娥欲下，万里挥冰雪。

京尘千丈，可能容此人杰？

回首赤壁矶边，骑鲸人去，几度山花发。

澹澹长空今古梦，只有归鸿明灭。

我欲从公，乘风归去，散此麒麟发。

三山安在,玉箫吹断明月!

　　该词虽是和韵之作,但作者借景抒情,借古伤今,与苏轼《念奴娇》之壮美相比,却也是别有一番氛围和意境。

元、清时期的驿站与托克托

　　驿站是中国古代传递官府文书和军事情报的人或来往官员途中食宿、换马的场所。

　　中国是世界上最早建立有组织的传递信息系统的国家之一，我国从殷商时期就出现了驿站，并建立了驿站制度，至今已有三千多年的历史。

　　驿站的出现和设立是军事的需要，历史上各种政治势力为了互相吞并或争夺政权，大小战争不断。为了在战争中赢得胜利和争取主动，需要有个传递情报和下达命令的通道和机构，于是驿站就应运而生。

　　邮票上有两处驿站遗址，均属明代。其一是孟城驿，它是一处水马驿站，位于今江苏省高邮市古城南门大街外；其二是鸡鸣山驿，位于今河北省张家口市怀来县鸡鸣驿乡鸡鸣驿村，是我国仅存的一座较完整的驿城。

　　"驿站"这一场所虽然古已有之，但作为一个词语出现是在元朝以后，元朝以前只称"驿"。

　　秦汉时期，形成了一整套驿传制度。特别是汉代，将所传递文书分出等级,不同等级的文书要由专人、专马按规定次序、时间传递。收发这些文书都要登记,注明时间,以明责任。

唐朝邮驿设置遍于全国,分为陆驿、水驿、水陆兼办三种,驿站设有驿舍。

宋朝的驿站规模不如唐朝。沈括《梦溪笔谈》说:"驿传旧有步、马、急递三等,急递最遽,日行四百里,唯军兴用之。"

明代在全国皆建有驿站,称为驿递,每隔十里置铺,铺有铺长;六十里设驿,驿有驿丞。

下面我们重点讲一讲元代和清代的驿站。

一、元代的驿站

元朝建立后,以京师为中心,在全国建起了驿站网,即在驿道上每隔25里设一驿站,备有马匹和内勤人员,供官方人员来往食宿。全国驿站共有1万余处,驿马不下20万匹。

有史料记载,当时的云内(州治今内蒙古托克托县古城镇白塔村)、东胜(州治今内蒙古自治区托克托县城圐圙)两州设的驿站不下20处。

条条驿道,保证了元朝与西方的交通畅通,东西方的文化交流也发展到了一定的水平。元朝的京师大都城因而成了一座世界著名的国际大都市。

公元1265年,元代著名科学家郭守敬自中兴(今宁夏回族自治区银川市)返回中都(河北省张北县馒头营乡)的途中,特地命舟船顺流而下,经四天四夜到达东胜州(今内蒙古自治区托克托县),郭守敬以自己亲身试航成功证明此段黄河可以漕运。同时,他还考察了查泊、兀郎海(今内蒙古乌梁素海)一带。郭守敬认为:这一带古渠颇多,重新修复后可以利用。

（《郭守敬传》："舟自中兴沿河四昼夜至东胜,可通漕运,及见查泊、兀郎海古渠甚多,宜加修理。"）

根据郭守敬的科学论证,忽必烈于公元1267年7月,降旨自中兴路至东胜州,设立10处水上驿站。此段漕运的开辟和水上驿站的设立,便利了西夏故地粮食外运。尤其是设在东胜州的3个水上驿站极大地改善了西夏故地与元上都、元大都的交通状况,加强了西夏故地与元朝中央的联系。

正如《绥远通志稿·水路》所载："而自西徂东,以达于各地者,盖以东胜为集散转运之地。今之托河即古之东胜也。"

由此可见,今天的内蒙古托克托河口是元代黄河水运北国水驿第一站。

公元1272年,意大利人马可·波罗取道凉州,前往上都朝拜忽必烈,经过和住宿于各大小陆驿和水驿。他穿过鄂尔多斯,由东胜州的河口过河,沿南山取直线进入凉城岱海滩再到上都。（见《呼和浩特史料》第3集《托克托史事丛谈》）

马可·波罗在《马可·波罗游记》中讲道："中国的大驿站中,房间宽敞明亮,备有华床锦被,十分方便,即使是国王来住也会感到很舒服。"

来自非洲的伊本·拔图塔对元代的驿站制赞不绝口："中国的驿站制好极了,只要携带证明（皇帝发的玺书或金牌）,沿途都有住宿处,并有士卒保护,既安全,又方便。"（见《中国通史》）

二、清代的驿站

清代是我国历史上驿站制度最为完善的时代。它建成了我国历史上最为庞大,覆盖面最大的水、陆两路驿站网络。

清代驿务的管理归属兵部的专设机构——车驾清吏司,

任命官员7人,郎中正五品、员外郎从五品、主事正六品,主管全国的驿站。

清代驿站路线的设置也是较为完善的,驿站的总部设于京师,名字叫"皇华驿",位于东华门,是全国驿路的总枢纽。

公元1692年,奉差安设口外五路驿站的内大臣阿尔迪疏言,喜峰口外设立15站,古北口外6站,独石口外6站,张家口外8站,杀虎口外12站,每站可安丁50名,量给与马匹牛羊。

清代北方交通,以首都北京为中心。由北京出发,可经由喜峰口、古北口、独石口、张家口和杀虎口通往蒙古各盟旗、各卡伦(清廷在蒙古地区要隘设置的关卡称为卡伦,也叫边台)。在这些驿道上,属于内陆的驿站由内陆汉人维持,称为汉站。进入蒙古地区以后的驿站,称为蒙古站。出喜峰、古北、独石、杀虎四口的驿路,只达内蒙古各旗,其驿站称为站;从张家口通往西北的各驿站都称台。因而在习惯上,人们把蒙古地区的驿站称为台站。

在通往蒙古地区的5路驿站中,杀虎口一路共设12站,分为北路和西路,其中北路为5站,西路为7站。伍什家驿站为西路第一站,当时叫杜尔格站,有马4匹,马夫2名,此驿站位于今天的内蒙古自治区托克托县伍什家村。

北路五站:

1.八十家子站(今呼和浩特市和林格尔县境内)。有马2匹、马夫1名。

2.新店子站(今呼和浩特市和林格尔县境内)。为腰站,在此"打尖"。

"打尖"的词义就是"出门人在途中吃饭歇息"之义。"打尖"和"住店"这两个词,经常连贯起来使用。所谓"打尖",似乎不分正午晚上,无论黎明即起,还是饭后便走,只要是一午一晚的停歇,都叫做打尖。而"住店"却不同,不是暂来暂往,停歇一下就走,而是要在店里住上一段时间。

3.二十家子站(今呼和浩特市和林格尔县城关镇)。有马4匹、马夫1名。

4.萨尔沁站(今呼和浩特市土默特左旗境内)。有马2匹、马夫1名。

5.归化城站(今呼和浩特市旧城)。有马10匹、马夫5名。

西路七站:

1.杜尔格站(即伍什家站,今呼和浩特市托克托县伍什家村)。有马4匹、马夫2名。

2.东素海站(今鄂尔多斯市准格尔旗境内)。

3.吉格苏特站(今鄂尔多斯市达拉特旗境内)。

4.巴颜布拉克站(今鄂尔多斯市达拉特旗境内)。

5.阿鲁乌尔图站(今鄂尔多斯市伊金霍洛旗境内)。

6.巴尔苏海站(今鄂尔多斯市乌审旗境内)。

7.察汗扎大海站(今鄂尔多斯市鄂托克旗境内)。

在今天的内蒙古二连浩特市,有座伊林驿站博物馆,是一个详细展览介绍我国北方驿站文化的博物馆。在博物馆里,可以看到一个很大的驿站建筑群,这就是明代鸡鸣驿站的模型,可想而知,我国古代北方驿站有多么发达。

明 代

明英宗与托克托

明英宗朱祁镇(公元 1427 年 11 月 29 日至公元 1464 年 2 月 23 日),男,汉族,明朝第六任(公元 1435—1449 年)和第八任(公元 1457—1464 年)皇帝,明宣宗朱瞻基长子,母为孝恭章皇后孙氏。

明英宗朱祁镇曾经到过今天的内蒙古托克托县境内,并且住了两个多月。他到这里既不是御驾亲征,也不是巡幸边关,那么,他到这里干什么了?美其名曰"北狩"!

据《内蒙古通史》第二卷 413 页记载:"景泰元年,英宗于断头山①进行了正旦②的祭祀,二月,'在于地名东胜③地方',四月,又'在于丰州地方'。直到同年八月返回明朝廷为止,英宗始终随伯颜帖木儿营在今乌兰察布、呼和浩特、包头一带驻牧。"

事情的经过是这样的:

明太祖北征定鼎中原,明成祖迁都北京。元顺帝逃回漠

————————————

①断头山,今内蒙古自治区卓资县之卓资山。
②正旦,农历正月初一。
③东胜,今内蒙古自治区托克托县。

北,北元一分为二:瓦剌和鞑靼。瓦剌和鞑靼之间,互相争雄,到了明英宗正统年间,瓦剌逐步强大起来,并且南下侵扰明朝疆域。

明朝自诩为天朝上国,泱泱大国,对于进贡的使者,无论贡品如何,总会礼尚往来。而且,赏赐颇为丰厚,并按人头派发。正因如此,北元太师也先不断增加使者数目,最后竟然高达两千余人。

公元1449年7月,以也先为首的瓦剌封建主以明廷削减赏物和求娶明朝公主未允为口实,发动对明战争,兵分数路,分别从辽东、宣府、大同、甘州等地同时进攻明朝。

太师也先亲率瓦剌人马,挥师南下,直逼大同,威胁北京。时年20来岁的皇帝朱祁镇心想:祖母和一帮老臣都已先后离世,正是显示自己能力的大好时机。于是在宦官王振的鼓动下,朱祁镇决定效仿先帝御驾亲征。朝中大臣苦苦劝阻,他根本不听。

当时,朝廷的主力部队都在外地,仓促之间难以集结。于是皇帝从京师附近,临时拼凑20万人,号称50万大军,御驾亲征。为了说服自己的母亲孙太后,朱祁镇把年仅两岁的皇子朱见深立为皇太子,并让异母弟郕王朱祁钰监国。

农历八月初一,明英宗抵达大同。当时,前线人马连连败退,马营、独石等要塞俱陷,形势极为严重。当王振闻讯后惊慌失措,除三日即挟英宗匆忙回师。

在回师的路上,王振原想让英宗到他的家乡蔚州,但又担心大军过处,踩踏家乡的庄稼,因而建议按照原路撤军。等到大军行至怀来附近,辎重还没有跟上来,于是,大军原地驻扎等候。

十四日,大军撤至距怀来仅20里的土木堡。十五日,瓦剌骑兵追及并包围了土木堡,并将水源掐断。明军陷于死地,军心动荡。

这时,也先主动遣使和谈并伪装撤退。王振遣二通事与北使赴瓦剌营谈和,然后急令部队开拔。当时,明军撤退形同逃遁,阵脚大乱。也先乘乱进攻,明"六军大溃,死伤数十万"(《明史》卷328页《瓦剌传》),皇帝朱祁镇被俘,王振被樊忠捶死,英国公张辅、驸马都尉井源、兵部尚书等大臣战死。历史上称之为"土木堡之变"或"土木之变",时为正统十四年(公元1449年)。此一役,明英宗的传国玉玺也被掠去。

而后,北元太师也先挟明英宗陈兵北京城下,遭到以于谦为首的主战派的顽强抗击,攻城不下,退兵北去。其间,有一名总兵官与于谦一起参加了京城保卫战,他就是东胜(今内蒙古自治区托克托县)人孙镗。

其后,双方经过多次交涉,于公元1450年8月,北元太师也先派人由内蒙古锡林郭勒盟南部草原经野狐岭、宣府送回明英宗,战争宣告结束。

参考日本学者和田清先生根据《明实录》、袁彬《北征事迹》、杨铭《正统临戎录》、李实《北使录》及刘定之《否泰录》《正统北狩事迹》等资料进行考察的成果,明英宗两次北狩的经过大致如下:

第一次:八月十五日,明英宗于土木堡被俘,十七日被也先携至宣府,守将坚守不准入,遂向西行,二十一日至大同,二十二日驻大同城西二十里处。二十三日过猫儿庄出边,至威宁海子，即今内蒙古乌兰察布市黄旗海，二十七日至官山九十九泉，即今乌兰察布市辉腾锡勒，二十九日至黑河一带，即今呼和浩特市大、小黑河，三十日至八宝山即今大青山一带。在此随也先营驻牧至九月十六日，十七日至断头山，即今乌兰察布市卓资县之卓资山，停留五日后，又向北行。

第二次：由于明朝军民的坚决抵抗，也先率瓦剌军进攻北京失利，于十月十五挟英宗折回良乡，次日过易州，十七日过紫荆关，十九日过蔚州，二十一过顺圣川，二十三日复从阳和（今山西省阳高县）后口回到大同猫儿庄。驻宿一夜后由猫儿庄过长城，第二天过威宁海子东岸，又前行两天，到达今内蒙古乌兰察布市商都县境内称为达子营的也先的一个营地。从这里往西北走，到达小黄河（今内蒙古锡拉穆伦河）东的伯颜帖木儿营内。后来又向西走，到达今包头、呼和浩特一带，驻牧了较长时间。

总之，明英宗朱祁镇于土木堡被俘后，曾先后两次"北狩"于今天的内蒙古地区。他随着也先的瓦剌人马进入内蒙古草原后辗转居留，前后共生活了将近一年的时间，其中，两个多月的时间在今天的内蒙古托克托县境内度过。

杨一清与托克托

一、杨一清

杨一清(公元1454—1530年)是明代重臣,他三次总制陕西三边,还担任过户部尚书,吏部尚书等重要职务,是明代中叶著名的政治家。

公元1506年,杨一清就任陕西三边总制,当时为了抵御北元蒙古而上书正德皇帝的"安边疏",题为《为经理要害边防保固疆场事》,现收录于《杨一清集》卷9,史称"安边策"。

公元1506年春,总制三边都御史杨一清请复守东胜(东胜卫故城,今内蒙古自治区托克托县双河镇),"因河为固,东接大同,西属宁夏,使河套千里沃壤归我耕牧,则陕右卸去负担"。武帝准其奏。(《托克托文物志》)

二、东胜卫

东胜卫是明初设置于今内蒙古托克托县地区的卫所,它于公元1371年正月初设。公元1392年以前的东胜卫城,是利用了辽、金、元时期的东胜州城址。公元1392年,开始修筑新的东胜卫城,在辽、金、元之东胜州城址基础上扩建。8月,分置东胜左、右、中、前、后五卫,属行都司。公元1393年2月,罢中、前、后三卫。《山西通志》载曰:今厅(托克托厅)其左卫地。

公元1402年,通过"靖难之役"登上皇位的朱棣调整了军事策略,将一批边地卫所内迁,其中东胜左卫迁至北直隶卢龙县(今河北省卢龙县)境,右卫迁至北直隶遵化县(今河北省遵化市)境。

东胜卫城也叫"黄城"。东去约30千米黑城村的镇虏卫叫"黑城",又东去30千米和林格尔县境的云川卫叫"红城"。镇虏卫、云川卫和东胜卫一样,都是明初在北部边疆相继建起的防御性设施。

三、杨一清与东胜卫

朱元璋在建立北部防线时对河套地区重视不够,朱棣即位后将大宁都指挥使司和东胜卫、兴和卫撤向内地,使明朝防御北元蒙古的北部防线出现两大缺口,河套问题遂突显出来。明成化以后,河套地区成为蒙古部的根据地。

明正德以前的三边形势相当严峻,明代北部边防形势的演变与北元蒙古进入河套地区有直接的关系。

当时明朝的边防形势是:边兵不足,边储粮草严重缺失,加之贪官污吏中饱私囊,致使边防经费难以为继。

杨一清于公元1506年总制陕西三边时上奏皇帝的奏章,史称其为"安边策",就是在这样的情况下形成的。

安边策的内容主要有四个方面,重点对复守东胜卫进行了论述,明确提出收复河套,复守东胜。杨一清认为"复守东胜,因河而固,东接大同,西属宁夏,使河套方千里之地,归我耕牧,屯田数百万亩,省内地运输",这是"策之上也"。

河套,即今内蒙古和宁夏境内贺兰山以东,狼山和大青山以南的黄河沿岸地区,因黄河北向、东行、南折,三面环抱呈"几"字形而得名。

杨一清认为,三边形势所以紧张,关键因素就是失去了河套天然屏障。他说:受降城据三面之险,当千里之避。建国初,舍弃受降城而在东胜设卫,已失一面之险。后来又放弃东胜卫,置延绥镇,那就又以一面避千里之冲了。

杨一清分析说,"臣久官陕西,颇谙形势"。像这种"深山大河,势乃在彼"的地理条件,对我十分不利。蒙古部"拥众在套,经年不出,则陕西用兵,殆无虚日。八郡之人,疲于奔命,民穷盗起,虽有智者,不能善其后矣"①。

杨一清上书建议:在延绥安边营石涝池至横城(今银川东南)200里,设墩台、跳望台各900座(间),守军4500人。横城以北,黄河南岸,有墩36所(座),应该修复。帝准奏,拨款10万,责成杨一清督施。

因杨一清素不阿附刘瑾,被诬告冒破巨额边费,锦衣卫逮他下狱。经大学士李东阳及王鳌力救,才释放回乡。

北元蒙古退回蒙古草原后,与明朝的大小战争不断,但通贡互市也交织其间。获取中原农产品和生产生活用品的方式主要是军事掠夺与和平互市。在争取与明朝互市的过程中,阿拉坦汗经历拒绝和阻挠,仍孜孜以求。一个偶然的机会,终于结束了200余年的战争状态,开创了长期和平安定的局面。

---

①蒙古部"领兵入据河套一带,经年不能剿除,那么陕西官府用兵防寇就没有停息之日了。周边州郡官民,也被侵扰而疲于奔命。百姓贫困无着,就会群起为盗。即使有才智之士,也无法妥善应对这种局势。"

东胜卫与托克托

今天我们看到的东胜卫城(今内蒙古自治区托克托县境)是在唐代东受降城(宝历元年移建后的)、明代东胜卫(今东胜卫城内的大、小皇城)的基础上扩建成的。准确地说,今天看到的东胜卫城应该叫东胜左卫城。

明军占领元朝的东胜州城后,改东胜州城为东胜卫。明朝在拥有东胜卫之后,时而撤时而设。对于东胜卫的撤与设,明朝廷内一直争论不断,争论的话题延续200多年。

关于东胜卫的设与撤,笔者按历史时间顺序梳理如下,以飨读者。

公元1368年8月,明军攻克通州,直逼大都(今北京市)城下。元惠宗(即元顺帝)妥欢帖木儿偕皇室大臣仓皇撤离,出居庸关,北奔上都(今内蒙古自治区正蓝旗境内)。明军旋克大都,更名北平。

对于北迁后的元政权,明朝方称其为元、故元或前元。朝鲜则称其为北元,这一称号后来被人们普遍接受,现在学界一般称其为北元或明代蒙古。

这年冬天,占据山西的元将扩廓帖木儿(即王保保)出雁门,取道居庸关,进攻北平。

明将徐达趁扩廓帖木儿远出,太原空虚,引兵直捣太原。此时,扩廓帖木儿已兵至保安,得讯还救,为徐达袭败,西奔甘肃,拥兵塞上。明军先后克取太原、大同。

公元1369年8月,李文忠出雁门、马邑,击败元兵,生擒元将脱列伯,"遂进兵东胜州,至莽哥仓而还"(《明太祖实录》洪武二年八月)。

"莽哥仓"的具体位置不详,顾祖禹《读史方舆纪要》卷四十四《山西六》云:"白杨门在县北。明初,元兵围大同,李文忠出雁门,趣马邑,进至白杨门,败其众。大同围解,遂进兵东胜州,至莽哥仓而还。莽哥仓,盖在塞外。"亦仅交代了其大体位置。至此,明军并未攻占东胜州。

公元1370年2月,大同"指挥金朝兴克东胜州,获元平章荆麟等十八人"(《明太祖实录》洪武三年二月);三月,"(大同)都督同知汪兴祖克武州、朔州,获元知院马广等六百三十四人,家属三千三百七十九口"(《明太祖实录》洪武三年三月)。

公元1371年正月,故元枢密都连帖木儿等自东胜降明。

随后,明朝廷置失宝赤千户所一,百户所十一;五花城千户所一,百户所五;斡鲁忽奴千户所一,百户所十;燕只斤千户所一,百户所十;瓮吉剌千户所一,百户所六。羁縻其众,隶属东胜卫。

失宝赤、五花城、斡鲁忽奴、燕只斤、瓮吉剌五千户所,在今内蒙古乌兰察布市南部,西迄鄂尔多斯东胜区东北境部分地区(《内蒙古通史》第二卷379页)。日本学者和田清认为五个千户所皆在今鄂尔多斯东北部地区。

公元1371年，明朝廷在元朝东胜州城的基础上建立了东胜卫。同年，东胜州发生旱灾。次年，朱元璋下诏免除当地租赋，表明明朝在东胜州建立了稳定的统治。

公元1373年，因明军军事上的失利，明朝廷将丰州、云内、东胜等地人民迁入内地。

东胜卫，隶属大同都卫（公元1375年改为山西行都司）。公元1392年，明廷又分东胜卫为东胜左、右、中、前、后五卫，次年罢东胜中、前、后三卫，只保留了东胜左卫、东胜右卫。

东胜左卫即今内蒙古自治区托克托县境东胜卫故城，并在原东胜卫城基础上进行了扩建。东胜右卫即今内蒙古自治区准格尔旗十二连城古城遗址城。

明朝在今内蒙古西部大青山以南地区设立东胜卫以后，紧接着还设立了镇虏卫、玉林卫、云川卫、宣德卫等卫所，统称东胜诸卫，隶属山西行都司。

公元1392年8月，宋国公冯胜、颍国公傅友德率开国公常昇等，籍山西太原、平阳之民为军，屯于大同、东胜。然后设立十六卫。（《明史》卷4第973页）

镇虏卫、玉林卫，均在今内蒙古自治区托克托县境。公元1393年2月置。（《内蒙古通史》第二卷377页）

云川卫，在今内蒙古自治区和林格尔县境。公元1393年2月置。

宣德卫，元宣宁县故地，在今内蒙古凉城县境。公元1403年2月置。

公元1403年，东胜诸卫再次徙至内地，卫城遂废。其时，延绥在三边中为内地，少边患。永乐时，东胜虚防，"因移军延绥，弃河不守"（《明史》卷177《王复传》）。公元1438年曾再度复置，不久仍废。

云川卫、镇虏卫、玉林卫均在公元1403年迁治内地，公元1426年还旧治，公元1449年再次内迁。

从现今山西省左云县、右玉县的名称来看，其与明朝的边防建置有关，属边防重地。明初，大同是最重要的北方军事重镇，设有大同左、右、中、前、后五卫，由大同都卫（后改山西行都司）管辖。行都司还辖有玉林卫、云川卫等。

公元1449年，明朝边防紧缩，又将玉林卫徙置于大同右卫城，简称为右玉，即今之山西省右玉县的来历。而云川卫与大同左卫合并，简称左云，即今之山西左云县的来历。

除上述在今内蒙古境内的云川卫、镇虏卫、玉林卫内迁外，隶属于东胜卫的羁縻卫所绝大部分也废弃。

公元1470年，明将王越乃上言搜河套，复东胜，但未实行（《万历武功录》卷7《俺答汗传上》中华书局，1962年）。

明朝的东胜诸卫时设时撤，正如魏焕在《皇明九边考》（卷7《榆林经略考》）中所言："议者谓驱河套之虏易，而守河套难，盖地广人稀故也。近有复套之议，谓当循唐之旧守三降城，又谓守东胜则榆林东路可以无虞，审时度力恐亦难为。"

总之，明朝的东胜诸卫时设时撤，复议不断，始终没有定论。

板升与托克托

　　明代,在今天的内蒙古托克托县北部发生过一场"大板升之战",这场战争是因北元两位重要人物的争执引起的,一位是俺答汗(阿勒坦汗)的夫人三娘子,一位是俺答汗的义子脱脱。

　　战争的经过是怎样的呢?下面笔者从板升、脱脱、三娘子、大板升之战这四个方面分别进行叙述。

一、板升

　　北元阿拉坦汗时期土默川上出现了许多蒙汉人民杂居的村庄和小集镇,蒙古族群众把这些村庄和市镇称为"板升(申)",板升(申)是蒙古语,原意为房子,引申为村庄。

　　根据《内蒙古通史》(第二卷464页)对板升的总结论述,板升共有五大特点:一是板升最早由丘富创建,是由进入草地的汉人聚合而成的;二是板升之内有房屋、宫殿,也有城堡、城墩;三是汉人在板升内居住垦殖,并向蒙古封建主缴纳田赋;四是板升汉人在饮食、衣服、居住上基本保持内地的生活方式;五是板升内有少量蒙民杂居。

　　在今天的内蒙古托克托县及周边旗县境内仍有少数叫板

升(申)的村庄,比如哈拉板升(申)、塔布板升(申)等等,但在明代叫板升的地方比较多。明代方孔炤在《全边略记》①中讲道:"崇山环合,水草甘美;中国叛人丘富、赵全、李自馨等到居之;筑城建墩,构宫殿甚宏丽,开良田数千顷,接于东胜川②,虏人号曰板升。"

自丘富建立第一个板升后,丰州滩、东胜川平原(今内蒙古自治区托克托县境)上出现了与草原游牧社会不一样的特殊的板升汉人社会。板升群落很快发展起来,形成大板升12部,小板升32部。

东胜川也叫东胜卫平原,北元阿勒坦汗的义子恰台吉脱脱曾驻牧于此。

根据以赵全等人口供形成的《赵全谳牍》记载,在公元1570年底明蒙和议时,进入丰州滩、东胜川平原的汉族已近5万人。明中后期以后,大量汉人陆续进入丰州滩、东胜川,《万历武功录》中描述道:"开云田③(内)丰州地万顷,连村数百"。在这些儿陆续进入丰州滩、东胜川的汉人中不乏能工巧匠,还有一些内地的医生也随之而来,如板升汉人头目周元,即以"善医药"受到阿勒坦汗等蒙古贵族的信任。

据《赵全谳牍》记载,大板升为赵全居住的地方,位置在美岱召汗廷城西(今内蒙古自治区托克托县北部)。根据汉籍多书记载,赵全居住的大板升城周五里,比阿勒坦汗廷城大约

①方孔炤《全边略记》卷2,《明代蒙古汉籍史料汇编》第3辑,内蒙古大学出版社2006年。
②东胜川:今内蒙古自治区托克托县境。
③云田应为云内,元代云内州治今内蒙古自治区托克托县古城镇白塔村故城。

1.5倍。

公元1571年隆庆和议后，丰州滩、东胜川的这些板升归把汉那吉(阿勒坦汗之孙)管理。

二、脱脱

阿勒坦汗的义子恰台吉脱脱，又称"陶克陶乎"(蒙古语，传宗接代的意思)，曾驻牧于托克托县境内的东胜卫城(今托克托县小荒城)，因其功名显赫，深得众望，就以其名称为"脱脱城"，后人又以"陶克陶乎"谐音取名"托克托"沿用至今。

明代蒙古也存在收养子女的习俗，如在阿勒坦汗封贡中发挥了重要作用的恰台吉脱脱即为阿勒坦汗的养子。在被阿勒坦汗认为义子后，获封恰台吉。之后征讨兀良罕初露锋芒，收复莽吉尔首建奇功，黑山救驾，大同获宝，研读经史，沙场征战，逐步成熟。

恰台吉脱脱协助阿勒坦汗处理重要事宜、赴藏请佛迎经，为土默特部的发展作出重要贡献。

在《万历武功录·俺答列传(下)》中，有公元1579年阿勒坦汗从青海返回时在大板升城请恰台吉吃饭的记载，内容为"其十一月，俺答还至大板升，燕恰台吉。"

阿勒坦汗去世后，恰台吉作为蒙郭勒津部西哨重要首领和阿勒坦汗义子，参与土默特万户重大事项的决定。

《俺答汗传》亦称《阿勒坦汗传》，即由达颜恰(即俺答汗的义子恰台吉)著。后经人补修，约成书于17世纪初。[①]

---

①丹珠昂奔、周润年、莫福山、李双剑主编：《藏族大辞典》，甘肃人民出版社，2003年02月第1版，第21页。

三、三娘子

三娘子即乌彦楚,乌彦楚(意为"温柔的"),卫拉特克尔古特部人,生于1550年。《内蒙古通史》第二卷称她为钟金哈屯,《阿勒坦汗传》中称她为乌彦楚钟根哈屯,并称她"生而高贵,天性清静";因乌彦楚是阿勒坦汗的第三位哈屯(夫人),故汉籍史料称她为"三娘子",说她曲眉秀目,聪明敏捷,精通蒙古文字,还善骑射,以美貌多才著称。蒙明和议后,由她主持土默特和明朝的互市。

乌彦楚为阿勒坦汗生有博达希利(不他失礼)、衮楚克、倚儿将逊三个儿子。

阿勒坦汗去世后,乌彦楚按照蒙古人的收继婚习俗,先后再嫁阿勒坦汗长子僧格(黄台吉)、长孙那木岱(扯力克),对土默特社会发展、蒙古佛教形成与发展有着很大的影响,当时人们将归化城称作三娘子城。

四、大板升之战

公元1583年9月,乌彦楚看到把汉那吉的妻子大成妣吉拥有撒勒术特部和蒙郭勒津西哨后强盛起来,于是,准备让博达希利和大成妣吉结婚。"但是,由于恰台吉反对而引发大板升之战,乌彦楚大动干戈,与恰台吉战于大板升,双方死伤累累,致使西哨许多部众无家可归。"(张继龙著《阿勒坦汗与土默特》第272页)

大板升之战的经过:

公元1583年4月30日,撒勒术特部首领,西哨板升管领人把汉那吉(阿拉坦汗之孙)在行猎时坠马而死。掌管西哨的伊克哈屯也在把汉那吉去世前离世。

把汉那吉去世后,土默特蒙郭勒津西哨、西哨所属板升、撒勒术特部全部归于把汉那吉妻子大成姚吉。一时间,大成姚吉兵强马壮雄于诸部。

大成姚吉的情况让乌彦楚产生了让自己的儿子博达希利(不他失礼)续娶大成姚吉,进而顺理成章地拥有大板升城的想法。后因阿勒坦汗义子恰台吉的强烈反对,导致了乌彦楚出兵抢夺由恰台吉占据的西哨大板升的战争。

据明代瞿九思撰写的《万历武功录》记载,公元1583年9月,"三娘子见大成姚吉拥俺答所遗诸部落及板升甚雄,谋欲为不他失礼(博达希利)室之,而阴以为利。恰台吉与三娘子政有隙弗从。三娘子呕使酋长扯布、土骨赤、计龙等引精兵围大板升。"

乌彦楚出兵抢夺恰台吉管理的大板升的目的,就是为了削弱恰台吉的实力。面对乌彦楚派兵抢夺大板升城,恰台吉与满谷舍塔布囊等人也率领部众骑兵出城迎战。

此一役,恰台吉部杀乌彦楚部下80余人,俘虏20人,夺盔甲30副,驼马100多头匹,自身死11人,取得了胜利。

紧接着,乌彦楚派军袭击了恰台吉的领地(今内蒙古自治区托克托县一带),又唆使阿勒坦汗女婿宰生塔布囊掠夺恰台吉靠近明朝边境的部众,使恰台吉的部众四处避难,双方争夺大板升的内讧战火扩大蔓延。

从公元1583年9月开始的大板升之战,双方死伤累累,"帐房、夷器皆置田野中"。战火一直波及长城附近,许多部众无家可归。这场战争先后持续了近10个月,作为主要争夺对象的板升汉人,生活和生存条件进一步恶化。

　　趁乌彦楚与恰台吉对抗之际,阿勒坦汗长孙那木岱(扯力克)抢先娶了大成妣吉,占据了大板升。

　　此时,明朝出来调停了,派人规劝那木岱(扯力克)说:"夫人三世归顺,汝能与之匹则王,不然封别属也。"意思就是你要能娶到三娘子,我们自然封你为王,否则就封别人了。

　　那木岱(扯力克)权衡利弊,放弃大成妣吉和大板升,决定与三娘子成亲。

　　公元1586年农历十月十一日,乌彦楚与新继位的那木岱(扯力克)汗成婚。随后,那木岱(扯力克)被封为顺义王,乌彦楚则再次被封为忠顺夫人。而她的儿子博达希利(不他失礼)按照原计划娶了大成妣吉,得到了大板升城。

　　从公元1586年农历十月十一日到公元1607年农历五月十五日的近21年时间里,那木岱(扯力克)与三娘子同心协力共同维护了边境的和平与安宁,促进了边境贸易的发展,为蒙古族、汉族的和睦相处、文化交融做出了卓越贡献。

　　明朝文学家、书画家徐渭(字文长)曾写过这样一首诗:

咏三娘子

汉军争看绣裲裆,十万弯弧一女郎。

唤起木兰亲与较,看她用箭是谁长。

清代

李鸿章的"淮军"与托克托

公元1855年，黄河在今内蒙古的包头东瓦厢（亦说铜瓦乡）处决口，土默川南部一片汪洋泽国。萨拉齐以东至托克托一带平地可行舟船。河水漫漫，主流难辨，南海子以东黄河一度断航，对河口镇商业影响显著。

后期，在河的东岸，从托克托旧城北阁儿起一直到河口镇南海口处，筑起全长10多里的大坝。大坝高丈余，宽约5丈，在大坝顶上每隔5米左右栽有一棵柳树，共栽树1000棵左右。

当时，栽这些柳树，主要是为了固堤护坝，它既是一道风景林，也是一条绿化带。关于这些河堤柳，还有一个惊退马化龙的故事。

据《托克托文史资料》（第五辑）中记载："据老人说，当时托克托县城保卫力量很薄弱，又无城墙可守。清朝末年马化龙造反，率兵到了黄河西岸一带的村庄，匪徒们蠢蠢欲动，想攻取县城。当时托克托县县令想到了利用河堤柳树，夜间在每棵大树上挂一个红色灯笼，并组织群众上堤摇旗呐喊，好像有千军万马之势，马化龙看到对岸灯火辉煌，无数人马行动，不由大惊,以为有朝廷大军守护,自认为寡不敌众,遂打消攻取托城的念头,改走准格尔旗。就这样利用堤坝林摆了一个长蛇阵,惊走了马化龙,让托克托县城百姓免遭横祸,河堤柳为托城人民立了一功。以后人们便称这些河堤柳为'护城将军林'。"

上述故事虽然传说是河堤柳的功劳,但也有一种可能:当时站在河堤上的大队人马是李鸿章的"淮军"水师营和洋枪队。那么,当年这里到底发生了什么事情呢?

马化龙,甘肃灵州金积堡(今宁夏吴忠市金积镇)人,公元1863年秋,带领金积堡一带民众造反,攻克宁夏府城(今银川)和灵州(今灵武县),被推为"统理宁郡两河等地军械事务大总戎①"。

以马化龙为首的宁夏金积堡起义军向东推进,其势力波及鄂尔多斯、包头、萨拉齐、托克托、清水河等地。公元1865年冬,马化龙率军逼近包头,袭击包头西20里的韩庆坝村,包头一时之间风声鹤唳,人心惶惶。

公元1868年底,陕西的起义军转入劣势,陆续向金积堡转移,还有一部分活动在鄂尔多斯乌审旗、准格尔旗,还到了托县一带,并在包头附近与清军交战。

公元1868年,起义军进入伊克昭盟(今鄂尔多斯市)的前套时,镇压完太平天国的"淮军"水师营和洋枪队,受清廷指令,开到萨拉齐厅包头镇和托克托厅河口镇,沿黄河布防。

王培义先生在《托克托史事丛谈》210页中讲道:"公元

---

① 明代程登吉《幼学琼林·卷一·武职类》:总兵称为大总戎。

1869年10月,命杜嘎尔等各督所部迅速将鄂尔多斯境内的回部余匪剿除净尽,富勒浑统洋枪队留归绥,杜嘎尔因病请假一月,暂赴托克托就医。"

公元1869年,清军围剿金积堡,马化龙率军奋力抵抗。翌年初,由刘松山担任北路统帅的清军由花马池直至灵州、金积,起义军退至马五寨继续抗击。该寨墙厚壕深,刘部连攻不下。2月14日,刘松山中弹,伤重而死。

公元1870年11月,金积堡弹尽粮绝,河狄和陕西起义军的支援亦被阻截。11月16日,马化龙亲赴刘锦棠(刘松山侄子)营中递呈求降。

另,据《绥稿》大事记记载:"公元1871年5月,令水师由托克托城至包头一带逡巡。"从这则大事记中,可知:公元1871年,李鸿章的淮军水师仍在这段黄河上巡逻戒备。

最后再讲一下徽剧,据《呼和浩特史料》第七集记载:"镇压完太平天国的'淮军'水师营和洋枪队,开到萨拉齐厅包头镇和托克托厅河口镇,沿黄河布防,把'徽剧'从南方带到归化城和土默川演唱。因为'徽剧'又名'黄腔',嘉乐会馆为戏班子设的下处在小召后街的一条无名巷子内,那条死胡同便叫成了黄腔巷。"

嘉乐会馆最初是土默特部阿勒坦汗后代喇嘛扎布的"国公府","文化大革命"后改拆成呼和浩特市晋剧团宿舍,先后称"嘉乐会馆"100余年,叫"晏美园"52年,改为"大观园"39年,最后更名为"反修剧场"4年。

由上述史料推断,李鸿章的"淮军"在土默川上驻扎的时间不短。

义和团的姜小红与托克托

义和团的姜小红，人称"齐天大圣"，家住内蒙古托克托县旧城的北阁外，当时非常有名。《托克托县志》《托克托文物志》《古镇河口》《托克托文史资料》（第三辑）中均有记载。

在义和团运动之前，不同规模、不同形式的反洋教斗争就在内蒙古各地不断发生。据《绥远通志稿·教案》记载："民教相仇渐甚，各属田房轇轕时起，讼狱繁兴。教民恃教堂为护符，凌轹乡里，鱼肉良善，乡民横受欺压。黠者相率入教，藉图自全；懦者申诉官厅，辄以祖庇教民，理难得直。驯至积怨日深，群思报复。"

洋教士的种种罪行，激起了内蒙古人民的愤怒。当义和团运动的火炬传到内蒙古以后，这里就立刻燃起了反帝爱国的熊熊烈火。其中，规模最大、影响最深、斗争最激烈的是围攻二十四顷地教堂，而这一反帝斗争的主力军就是托克托厅的义和团。

公元1900年农历五六月间，归绥道署所辖长城"口外七厅"，即归化、萨拉齐、丰镇、宁远（今凉城县）、和林格尔、托克托、清水河七厅,都发生了义和团反洋教斗争。在义和团运动的影响下,各厅的文武官兵也参加该运动。其中托克托厅异常激烈,也是绥远中西部地区义和团反洋教斗争的策源地。

据《托克托文物志》记载:"当时,有代州(今山西省代县)名科巨子的骡脚夫来到托城(此人常揽货往来于山西与托城、河口),下榻公义店(原旧城食品公司)。他行装刚卸,立即沿街招集少年,在南阁外城隍庙前设场练习神拳。数日内参加者达200余人。"

7月,绥远城(呼和浩特市新城)将军发来公文,调托县团民数百人赶赴归化城(今呼和浩特市旧城),准备一起会剿铁圪旦和乌尔图各沟教堂(这两座教堂均在四子王旗境内)。7月13日,绥远城驻防旗兵200余名、托克托厅义和团民300余人,在归化城会合。同时,旗属亦奉绥远城将军令,派数十蒙兵协剿。

托克托厅义和团民到达归绥后,兵备道台给参加会剿的义和团民各做粉色白云边制服一身,给"齐天大圣"姜小红制作大旗一面,上书一个斗大的"孙",以壮军威。

7月28日,围剿铁圪旦沟教堂的战斗打响。教民情急,鸣枪抵抗,击毙哨官曾世荫。团民和清兵无不愤慨,奋起冲杀,团民和清兵直追杀至日暮方收兵,两处教堂均被放火烧毁。攻打铁圪旦沟教堂大获全胜,托克托厅义和团民凯旋。

8月,八国联军攻入北京,光绪皇帝、慈禧太后逃出北京城,经太原到了西安,向帝国主义妥协投降,并颁布剿匪上谕,调集各路军马,对义和团运动进行残酷镇压,并请帝国主义联军协助剿灭。

托克托厅的义和团反帝爱国运动最终以失败告终。"齐天大圣"姜小红惨遭杀害。

民 国

画家沈逸千与托克托

　　沈逸千（公元1908—1944年），近代画家，是20世纪中国西部题材绘画的领头羊、现实主义中国画创作的先行者、与徐悲鸿齐名的画马名家，原名承谔，江南古镇嘉定（今属上海市辖区）人，祖籍松江，出身书香门第，其祖父沈柳汀为清代国学生。其故居"四声堂"位于今上海市嘉定区嘉定镇西大街152号。

　　1936年5月，沈逸千从北京出发，沿平汉铁路经保定抵石家庄，继而转正太铁路抵太原，再北上崞县、雁门关、阳明堡、五台山、代县、怀仁、大同完成晋北写生；随后转平绥铁路东行至张家口，北上张北开始察蒙写生，途经沽源、宝昌、察哈尔八旗（左翼、右翼、明安、商都4牧场，正蓝、正白、镶白、镶黄4旗）、四子部落、西苏尼特、德王府、滂江，10月下旬折返化德（加卜寺），随后转往商都，经张库路回到张北，结束察蒙写生；然后从张北继续南往张家口，沿着平绥铁路西行开始绥蒙写生，途经大同、丰镇、集宁、陶林，再折返集宁往南经卓资、凉城、杀虎口、和林格尔、托克托，继续北上归绥、武川、百灵庙、云王府,最终抵达绥蒙西北角、蒙古至新疆运输线上的黑沙图。

1937年全面抗战爆发前夕,剧作家阳翰笙根据沈逸千出塞之传奇经历编写出电影剧本《塞上风云》,后因"八一三"淞沪抗战的爆发,没有来得及拍摄成电影。1940年的故事影片《塞上风云》,就是阳翰笙根据沈逸千出塞的传奇经历和实地见闻改编的。

沈逸千的察绥西蒙写生是最早的边疆写生行动,在近代边疆写生史上具有开创意义。

美术评论家吴步乃曾称赞沈逸千的《察绥西蒙写生集》"以忧国之情,反映当时处在国家危亡的察合尔、绥远等地的世态和民情,夹叙夹议,画家还描写了华北地区的一些风俗习惯。"

在当时,剧作家田汉、阳翰笙和画家徐悲鸿、潘良玉等人对他赞赏有加;于佑任、冯玉祥等社会名流纷纷在他的画上题词、赋诗。

由大公报馆汇编成册的《察绥西蒙写生集》涉及呼和浩特市的写生通讯共计11幅，其中涉及托克托县的写生通讯共计5幅。这5幅作品如下：

第一幅是《托克托县的北阁下》。画旁的文字解释道："由和林城西南行百五十里，即到托县，托县在河套东端，千里黄河由此南折，故河水西浊南清。本县在元明为蒙古牧地，前清晋民移河套者，多由县南渡头买渡焉，图为托县县城北阁下之一瞥。"（渡头：渡口。）

北阁正面檐下高悬"恩布恒云"牌匾，路上走着两妇人，前老后少，均缠足。

第二幅是《托县城内的油酒店》。画旁的文字解释道："托县无城，惟周围数里内有阁楼四处，阁楼内外住民三四千户，地方商市为绥南各县之冠，图为城内油酒店陈饰。"

托县当时确实没有筑城，居民多居住在明东胜卫城的西南，四座阁楼在其居住的东南西北四面，后又新添一"新阁"。据《托克托县志》记载："各阁均为砖石结构，阁基用条石，阁洞为砖砌，呈拱形门洞，可供车马通行。阁洞上面各建起脊阁楼一座，砖木结构，前后开门，内供奉神像，阁洞门旁，留一小门，为上阁石梯。"

五阁中南阁最为壮观，阁楼庙内有泥塑假山，为《西游记》唐僧取经的故事，工艺精湛，栩栩如生。

各阁位置及供祀神像如下：东阁在旧城正东（原电影院门口），供祀文昌、天齐；西阁在旧城正西（原北街小学南墙外），供祀魁星、水母；南阁在旧城正南（原解放大街南口），供祀观

音、三官；北阁在旧城正北(原黑河堤旧坝北端)，供祀真武、北
岳；新阁在旧城东南(原泉子沟巷口)，供魁星、纯阳。

北阁虽不及南阁壮观，可在历史上留有浓墨重彩的一
笔。走西口的人们去包头或河套地区多经河口，向北必走北
阁。当地人的顺口溜讲道："一出托城北阁外，哈拉板申来得
快，走五申过伞盖，口肯板申挨杭盖……"

第三幅是《河口渡头的担粪者》。画旁的文字解释道："河
口在托城南十里，此地为大黑河与黄河合龙处，也为绥南黄河
唯一古渡，昔年平绥铁道未通，河口托县商旅云集，近年景象
大非昔比矣，图为由河西准噶尔牧地运来的牛粪，该粪专供托
城数千户燃烧之用，每担价洋两毛左右。"

这里需要说明一点：当时，不仅托城人需要牛粪以备燃烧
之用，河口人也需要牛粪以备燃烧之用；而且，当作燃烧之用
的，不仅有牛粪，还有马粪、驴粪、骡子粪。

第四幅是《托克托冰河野渡》。画旁的文字解释道："塞北
的春天，正是寒威肆虐的当口，黄河里的冰，冻得像锅炉里冷

铁块一般的坚硬,无端的老北风,从白天到黑夜,永远呼呼地震吼着,然而出塞的人们,偏偏多在这冰天雪地里,逆着朔风,去开展他们的前程。图为绥南托县(即托克托)河口渡头,当白日含山的时候,彼岸有大队人马赶渡黄河。"

画面上,有身背褡裢的步行者,有骑马的,骑驴的,坐轿车的,还有赶驴垛的,都在匆匆忙忙地赶路。

第五幅是《从绥南到绥远,负有国防价值的桥梁》。画旁的文字解释道:"图为归托公路的大黑河桥,凡由省垣往绥东的凉城,和绥南的和林、托县时,莫不买渡此桥,哪料这个桥梁,特别的陋弱,简直不堪任何汽车之一压。"

在"负有国防价值的桥梁"一画中,表现出的思想内容耐人寻味。画中的大黑河桥是一座特别陋弱的桥梁,不堪任何车辆之压。当时由于平绥铁路受敌封锁,内蒙古和陕西、山西等内地的联系只有通过大黑河桥这一条道路。沈逸千把这一当时政府的"国防设施"展示出来,冠以"负有国防价值的桥梁"的题目,看后使人啼笑皆非。

沈逸千在此行中,还专程去拜谒了王昭君墓,并当场作写生画,且七步成诗。

1944年,从战火纷飞的战场回到重庆不久,沈逸千正准备实施抗战美术出国展览计划,却先后在四川万县(今重庆市万州区)和重庆两次被日伪特务在食物中下毒,身染重病,并于当年中秋前夜在重庆失踪,时年36岁。英年早殒的他没能亲眼看到抗战的胜利。

同盟会王定圻、李树槐与托克托

　　1911年10月10日，武昌起义成功，各省纷纷响应，宣布脱离清朝统治。

　　10月29日，山西太原起义响应。当时的山西省清军（主要是新军）为积极配合武昌起义，杀了山西巡抚陆钟琦，成立了山西军政府，推举新军标统、同盟会会员阎锡山为都督。①

　　当时归绥地区的革命党人云亨、王定圻、杨云阶闻讯约同杨瑞鹏等同盟会员，分别从北京、太原等地火速赶回归绥、包头、萨拉齐，和留在当地的同盟会员经权、郭鸿霖等筹划起义。

　　从农历十一月二十五日开始，阎锡山率领山西革命军从晋西北出发，穿过鄂尔多斯的准格尔旗、达拉特旗向包头挺进，试图建立管辖包头、后套、鄂尔多斯、归绥的临时政权。与此同时，失败的革命党人又集中在山西革命军中。

　　山西革命军进入包头后，合包头、五原、东胜三地为一，取名包东州，建立革命政权。以同盟会领导人黄兴之名义：任命

---

　　①标统，官名，清末统辖一标军队的长官。清末改革兵制，每镇（师）辖二协（旅），每协辖二标（团），标的长官称统带，亦称标统。

云亨为绥远城将军,经权为归化城副都统,安祥为归绥道尹。

农历十一月二十八日,阎锡山派统带王家驹率步兵二营及重炮队、马队、游击队沿河东进,直趋归绥。至萨拉齐击溃守军,取得该城。山西革命军在萨拉齐充实军需给养之后,继续东进。

农历十二月初九,山西革命军到了刀什尔村,遭到清军顽强阻击。阎军伤亡惨重,就连其前敌总指挥王家驹也丢了性命。

此时,阎锡山担心攻打归绥消耗兵力,让别人捷足先登占了山西,于是改道南下托克托,作为进退两可的观望。

而在此时,发生了另外一件事情:革命党人王定圻带领一随从——托克托厅人李树槐,冒险前往归绥侦察清军动向。当走到托克托厅伍什家村时,与清军的谍报人员遭遇,因当时想活捉清军谍报人员,李树槐被敌人开枪打死,王定圻被流弹击落右手一指。

王定圻(公元1886—1915年),字屏章,号亚平。包头镇刘宝窑子村人。先入私塾,1905年入归化丰州书院学习,1906年,进入归绥中学堂修业,1907年考入山西优级师范学堂,不久加入同盟会。

王定圻在包头马王庙学堂学习期间,深受郭鸿霖等革命党人影响,他自述:"我王屏章自幼听从孙中山先生的教导。"

1910年,受山西同盟会派遣返回绥远。1912年,王定圻参加阎锡山的革命军,因作战有功,被推荐为绥远地区中华民

---

① 据《呼和浩特史料》第2集,《托克托史话》王培义著。

国第一届国会众议员。

1913年，袁世凯窃夺了革命果实以后，进行卖国勾当，准备实行帝制。当时正任归绥中学校长的王定圻办起了绥远地区第一张铅印报纸《一报》，宣传三民主义，公开揭露袁世凯罪行。

王定圻任归绥中学校长期间，施行新式教育，宣传孙中山治国方略。据《呼和浩特一中校史》记载："王定圻，讲话、走路精神奕奕，有点军人风度。他的右手有一手指，据说是在辛亥革命时，在武装反清战争中被打断，写字时仅用双手指紧夹毛笔。这一切都给归绥中学校早期师生留下较深的印象。"

1915年9月的一天，王定圻不幸被捕，12月24日在归绥就义，年仅29岁。

袁世凯死后，王定圻生前好友向国务总理段祺瑞申诉冤情，绥远都统商震为王定圻平反昭雪，以烈士对待，在其家乡刘宝窑子修建陵墓牌楼并刻石纪念。为其撰文刻碑者是他的学生曹诚斋。

得到昭雪后，包头刘宝窑村王定圻家宅门上方挂了革命"青霞奇志"门匾，墓前碑铭"前国会议员绥远中学校长王烈士亚平之墓"，陵园门石立柱刻有"烈哉男儿成仁尽义""巍乎志士虽死犹存"。

李树槐是内蒙古托克托县（当时叫托克托厅）人。辛亥革命前后，李树槐追随王定圻参加了同盟会的革命活动。

当阎锡山的军队到达托克托厅境内后，王定圻带领托克托厅人李树槐，冒险前往归绥侦察清军动向。

《绥远通志稿》是这样记载的："至五十家村。遇谍者。定圻偕县人李树槐猛捉之。谍发枪毙树槐。流弹击落定圻右手一指。"李树槐牺牲时年仅28岁。

李树槐的重孙李宽河听长辈们讲述:

李树槐有二子二女:大儿叫李生福,二儿叫李生元,大女儿叫李牡丹,二女儿叫李凤女。

李生福拜塞外武林豪杰吴桐为师,武功学成后曾在太原参加打擂,后牺牲于山西太原。

李树槐的父亲叫李培江,字伯川,号宿源。据"李翁墓志铭"记载:"翁娶姜氏,贤而且慧。生四子三女,长曰树桢,次曰树林,三曰树梅,四曰树槐是也。夫妇教子有方,或为农,或为商,四子均归正业,为人人羡慕之。"

李树槐最小的妹妹嫁给托克托县河口镇孙家。

绥远新闻社与托克托

　　抗日战争前,归绥有6家通讯社;抗战胜利后,归绥有4家通讯社。绥远新闻社由《大公报》驻绥著名记者杨令德主持创办,创立于1934年前后。

　　成立之初,绥远新闻社的总编辑是杨令德,董事长是郭灵墅,社长是霍世贤,经理是杨震卿。实际业务人员仅三人:总编辑杨令德,缮写吴希圣,送报翟厚小。

　　杨令德,内蒙古托克托县人,生前曾任内蒙古自治区政协副主席和中国国民党革命委员会内蒙古自治区委员会主任委员。

　　杨令德先生非常关心托县,特别是托县文化教育方面的事情,家乡人也很敬重杨先生。杨令德先生曾为托克托县的第一部县志作序,序言这样写道:"在我年逾古稀之时能够看到家乡第一部县志,感到由衷的高兴。托县自战国建云中城起已有2300多年的历史,但没有自己的县志。在1931年和1964年虽然曾有两次编写县志的尝试,终因种种原因没有实现。从这一点来说,今天写出的这部县志就更为难能可贵了。"

杨令德在为《大公报》采访新闻时,顺便采访一些绥远地方政治和社会新闻,编写成稿,吴希圣刻钢板,油印成册(三页、五页不等)。

下面我们将按照时间顺序,逐一介绍与绥远新闻社有关的内蒙古托克托人士。

霍世贤,托克托县人,又名霍希之,时为绥远省建设厅干部。与绥远省教育厅厅长阎伟既是同乡,又是亲戚。1932年春,选为绥远省地方自治促进会执行委员。次年冬,开发西北协会南京总会派霍世贤等5人为绥远省分会筹备委员。

阎伟,托克托县河口人,为绥远新闻社捐助1000多元,奠定了绥远新闻社发展的基础。

抗日战争全面爆发后,绥远省府各厅处人员转到西安。1937年冬,日本侵占归绥前,当时教育厅存两万大洋。为不让这笔钱落入敌人之手,时任教育厅厅长的阎伟,在撤退时,将两万大洋全部带到山西河曲,亲手交给傅作义。这笔钱对傅作义来说是"及时雨"。傅作义非常感动,在战乱之时,有人发国难财,阎伟此举忠于职守、忠于国家。

翟厚小,托克托县人。他主要负责发送各报社和各机关采登和阅读。

绥远新闻社成立之初,没有办公地址,杨令德利用同乡关系,向托克托县一个烟土商翟世华在归绥旧城开设之大烟土店世义成借了一间客房,权充临时办公地址。没有办公用具,杨令德自己出资置办了一套油印机和一些纸张油墨等。

翟世华,托克托县河口人,据《古镇河口》记载:"据说,在抗日战争时期,翟世华曾为大青山的抗日游击队筹过军饷。翟世华至今为人称道的是尽孝道,助贫困。"

《古镇河口》还讲述道:"翟世华发迹后,牢记父亲的教诲,对贫困的族人亲戚,从不歧视小看,只要有求于他,都给予资助照顾。就是河口人找到他,无论贫富,他都待以乡亲之礼。"

后来,绥远新闻社在归绥旧城杨家巷租赁了一所院子,又开设了一个书报代办部和一个承揽印刷部,人员也增加了许多。

新闻编辑部除总编辑杨令德外,增加了吴希圣、袁尘影、李丕才三名记者。

袁尘影,原名袁承印,托克托县城关镇寿阳巷人,杨令德的外甥,曾任《绥远日报》《绥远新闻报》记者,全国解放后在甘肃新闻界当记者。

1936年,袁尘影东渡日本留学,路过集宁。鉴于日伪犯绥,迫在眉睫,集宁守军,严阵以待,当即由北平写回长篇通讯宣称:"经傅励精图治,绥远才会有今日。面临着深渊固是事实,但乐观的成分也多一些。"用以鼓舞人心,奋起保卫国土,博得各界人士的好评。

20世纪30年代,袁尘影曾在许多报刊上发表文章,40年代曾在重庆、兰州等地发表过《三妇人》《留日漫忆》等多篇小说。《古镇河口》一书收录其《渔夫与小姐》一文,上面附有张福权与袁尘影的合影。

李丕才,托克托县人,毕业于绥远师范学校。抗战期间曾任《河南民国日报》记者,国际新闻社记者,是绥远文艺界抗敌协会理事。范长江、孟秋江于绥远抗战中,代表《大公报》来绥采访战地新闻,得到杨令德大力支持,李丕才协助范长江翻译新闻电报,支持其工作。其代表作品有发表于1936年4月23日《绥远西北日报·塞风》上的诗歌《逃荒者》。

送报仍是翟厚小,另有一名勤杂人员叫李成,也是托克托县人。

书报代办部的苏琦、潘炽昌均是托克托县人。

杨令德在第一次国共合作时期,曾一度秘密参加国民党(当时北方为军阀所统治,联盟的活动受到限制),并在共产党人李裕智领导下的绥蒙特别党部任监察委员。

李裕智,托克托县河口南双墙人,1923年秋天,李裕智前往北平蒙藏学校读书。在中国共产党的早期活动家邓中夏、赵世炎的关怀和培养下,李裕智参加了中国共产主义青年团,又于1924年春天加入中国共产党。1925年春,李裕智受党的派遣,回到内蒙古开展革命工作,任中共包头工委书记。

抗日战争爆发前后,绥远新闻社对在绥和来绥开展工作的共产党人和进步人士无不给以方便和照顾,支持他们的活动。

苏谦益、武达平在绥从事革命活动,都曾寄宿绥远新闻社,受到该社的支持和照顾。

苏谦益,托克托县河口人,历任中共绥远省委副书记,中共华北局书记处书记,北京化工学院党委书记。

20世纪30年代,苏谦益在中学读书时,即在报刊上发表诗和文章。代表作品有发表于1931年11月15日《绥远社会日报·晓光》第二期上的《血的激愤》和发表于1932年10月14日《绥远日报·星原》第19期上的《今日文学的任务》。

武达平,原名武丕荣,托克托县人,是塞原社的创始人之一。在绥远积极开展革命文艺活动,在许多报刊上发表了大量的诗文。曾任绥远文艺界抗敌协会常务理事。代表作品有发表于1937年1月5日《绥远社会日报·洪荒》上的《胜利是属于我们的》和发表于1938年11月8日《绥远民国日报·十字街头》上的诗歌《进行曲》。

杨令德曾介绍苏谦益到归绥女子师范,以录事职业为掩护,进行革命活动;武达平随记者团去绥北百灵庙,绥东红格尔图前线视察,绥远新闻社给以记者名义,支持其活动。

章叶频等于归绥沦陷前夕,创办抗战日报,宣传鼓动军民团结战斗,保卫归绥。均曾借用绥远新闻社地址和利用绥远新闻社印刷设备,全体工人都为其积极排印抗战日报。

章叶频,原名章启勋,托克托县人,历任内蒙古教育厅副厅长、文教局长、内蒙古党校副校长。

1938年赴延安,在西北战地服务团工作,随团到晋察冀地区,在《诗建设》《歌创造》《七月》上发表诗或歌词,著有《塞风集》(与武达平合著)、诗文集《黎明集》、回忆录《塞北文苑萍踪》等。

袁尘影、武达平、章叶频联合编的《塞原》、章叶频编辑的《洪荒》均曾受过绥远新闻社的帮助和支持。

《塞原》《洪荒》的办公地址,就设在绥远新闻社。后者的刊头还是杨令德起名并题字的。

袁烙等人经常进出绥远新闻社,与苏谦益、章叶频等接触。

袁烙,原名袁福印,托克托县城关镇寿阳巷人,袁尘影的三弟,曾任《西安日报》总编辑,中共西安市委宣传部副部长。

1936年在山西太原参加丁玲领导的西北战地服务团工作时改名为袁烙,1937年至1947年在延安工作。其代表作品有发表于1937年1月14日《绥远社会日报·洪荒》上的《献给故乡的朋友们》。

袁尘影在《袁烙略传》中讲道:"父亲袁文举,1900年16岁时,在托县参加了轰轰烈烈的义和团运动。""袁烙的母亲杨玛瑙是袁文举的续弦。她是绥远省第一个从事新闻工作、新文化运动的杨令德的姐姐。"